BLAUE SERIE *leicht gemacht*®

Herausgeber:
Professor Dr. Hans-Dieter Schwind
Richter Dr. Peter-Helge Hauptmann

Erbschaftsteuer

leicht gemacht

Das einprägsame Lehrbuch der Erbschaftsteuer
inkl. Schenkungsteuer und Bewertungsrecht

3. überarbeitete Auflage

von
Dr. Jörg Drobeck
Diplom-Ökonom und Steuerberater

Ewald v. Kleist Verlag Berlin

Besuchen Sie uns im Internet:
www.leicht-gemacht.de

Autoren und Verlag freuen sich über Ihre Anregungen

Umwelthinweis: Dieses Buch
wurde auf chlorfrei gebleichtem Papier gedruckt
Gestaltung: Michael Haas, Joachim Ramminger, Berlin
Druck & Verarbeitung: Druckerei Siepmann GmbH, Hamburg
leicht gemacht® ist ein eingetragenes Warenzeichen

© 2022 Ewald v. Kleist Verlag Berlin

Inhalt

I. Grundlagen

Lektion 1: Wesen und rechtlicher Rahmen 5

II. Sachliche und persönliche Steuerpflicht

Lektion 2: Grundtatbestände der Erbschaftsteuer 11
Lektion 3: Erwerbe von Todes wegen 15
Lektion 4: Schenkungen unter Lebenden................... 26
Lektion 5: Persönliche Steuerpflicht 38

III. Berechnung der Erbschaftsteuer

Lektion 6: Systematik der Erbschaftsteuerberechnung......... 44
Lektion 7: Ermittlung des Vermögensanfalls (1. Schritt)....... 49
Lektion 8: Ermittlung der Bereicherung (2. Schritt)........... 62
Lektion 9: Ermittlung des steuerpflichtigen Erwerbs (3. Schritt).. 66
Lektion 10: Ermittlung der tariflichen Erbschaftsteuer (4. Schritt). 76
Lektion 11: Ermittlung der festzusetzenden
            Erbschaftsteuer (5. Schritt) 82
Lektion 12: Festsetzung und Erhebung der Erbschaftsteuer....... 90

IV. Bewertung des Vermögens

Lektion 13: Bewertungsmaßtäbe des Bewertungsgesetzes 98
Lektion 14: Bewertung von Immobilien 105
Lektion 15: Bewertung von Betriebsvermögen 114

Sachregister... 127

Übersichten

Übersicht 1:	Inhaltlicher Aufbau des ErbStG	8
Übersicht 2:	Die Grundtatbestände der Erbschaftsteuer	11
Übersicht 3:	Steuerbare Erwerbe von Todes wegen	15
Übersicht 4:	Erwerb durch Erbanfall	17
Übersicht 5:	Erwerb durch Vermächtnis	21
Übersicht 6:	Systematik der Erbschaftsteuerberechnung	23
Übersicht 7:	Arten eines Vermächtnisses	23
Übersicht 8:	Schenkung unter Lebenden	27
Übersicht 9:	Gemischte Schenkung	32
Übersicht 10:	Persönliche Steuerpflicht nach § 2 ErbStG	38
Übersicht 11:	Inländer	39
Übersicht 12:	Inlandsvermögen	41
Übersicht 13:	Persönliche Steuerpflicht im Erbschaftsteuerrecht	43
Übersicht 14:	Schema Erbschaftsteuerberechnung	45
Übersicht 15:	Das begünstigte Vermögen	52
Übersicht 16:	Das schädliche Verwaltungsvermögen	52
Übersicht 17:	Mindestlohnsummen bei Regelverschonung	55
Übersicht 18:	Mindestlohnsummen bei Optionsverschonung	57
Übersicht 19:	Verschonungsabschlag für Unternehmensvermögen	58
Übersicht 20:	Steuerfreier Erwerb des Familienheims	60
Übersicht 21:	Arten von Nachlassverbindlichkeiten	63
Übersicht 22:	Ermittlung des steuerpflichtigen Erwerbs	66
Übersicht 23:	Persönliche Freibeträge	72
Übersicht 24:	Versorgungsfreibeträge	73
Übersicht 25:	Die drei Steuerklassen	77
Übersicht 26:	Erbschaftsteuertarif nach § 19 Abs. 1 ErbStG	79
Übersicht 27:	Ermittlung der festzusetzenden Erbschaftsteuer	82
Übersicht 28:	Tarifermäßigung nach § 27 ErbStG	85
Übersicht 29:	Wahlrecht des Nacherben nach § 6 Abs. 2 Satz 2 ErbStG.	87
Übersicht 30:	Ertragswertverfahren	109

I. Grundlagen

Lektion 1: Wesen und rechtlicher Rahmen

Steuerbare und steuerpflichtige Vermögensverschiebungen

Fall 1
Vater V stirbt und seine Tochter T erbt 100.000 €.

Fall 2
Mutter M schenkt ihrem Sohn S 100.000 €.

Sind die unentgeltlichen Vermögenserwerbe der T und des S steuerpflichtig?

Die Erbschaft- und Schenkungsteuer (im Folgenden kurz: Erbschaftsteuer) erfasst unentgeltliche Vermögenserwerbe und führt Erwerbe von Todes wegen sowie diesen ähnliche Tatbestände wie die Schenkung unter Lebenden der Besteuerung zu.

Ursprünglich wurde die Erbschaftsteuer nur aufgrund von Vermögensübergängen erhoben, die im Zusammenhang mit dem Tod einer Person stattfanden (eigentliche Erbschaftsteuer oder Erbschaftsteuer im engeren Sinne). Die Erbschaftsteuer wurde später insbesondere um die Besteuerung der Schenkung unter Lebenden ergänzt, um nahe liegende Steuerumgehungen vermeiden zu können. Da auch dieser ergänzende Tatbestand grundsätzlich derselben Besteuerung unterliegt wie die Erwerbe von Todes wegen, wird der Begriff der Erbschaftsteuer auch in einem entsprechend weiteren Sinn verwendet. Diese Begriffsverwendung ist auch dadurch gerechtfertigt, dass die Schenkungsteuer von ihrem Wesen her eine vorweggenommene Erbschaftsteuer ist.

Damit unterliegen die unentgeltlichen Vermögenserwerbe in Fall 1 und Fall 2 der Erbschaftsteuer (§ 1 Abs. 1 Nrn. 1 und 2 ErbStG). Sie werden also vom Erbschaftsteuergesetz (ErbStG) erfasst. Man spricht in diesem Zusammenhang auch von Steuerbarkeit. Die Erwerbe sind also steuerbar. Mit der Steuerbarkeit ist jedoch noch nicht die Frage beantwortet, ob diese Erwerbe auch steuerpflichtig sind. Da das deutsche Erbschaftsteuerrecht für Kinder einen Freibetrag von 400.000 € (§ 16 Abs. 1 Nr. 2 ErbStG) vorsieht, sind die unentgeltlichen Vermögenserwerbe der T und des S nicht steuerpflichtig (also steuerfrei). Näheres zu diesen persönlichen Freibeträgen erfahren Sie in Lektion 9.

Fall 3

Vater V schenkt seinem kleinen Sohn S zu Weihnachten eine elektrische Eisenbahn.

Ist der unentgeltliche Vermögenserwerb des kleinen S steuerbar und steuerpflichtig?

Nach den bisherigen Überlegungen dürfte Ihnen die Antwort nicht schwer fallen. Der Erwerb ist als Schenkung unter Lebenden steuerbar, aber aufgrund des Freibetrages sicher nicht steuerpflichtig. Nicht steuerpflichtig ist gleichbedeutend mit steuerfrei. Zudem hat der Gesetzgeber solche „üblichen Gelegenheitsgeschenke" (Geburtstag, Hochzeit, Weihnachten etc.) in einer besonderen Vorschrift (§ 13 Abs. 1 Nr. 14 ErbStG) steuerfrei gestellt.

In diesem Zusammenhang lohnt sich ein Blick in den § 30 Abs. 1 ErbStG. Dort ist geregelt, dass jeder Erwerber einen steuerbaren Erwerb innerhalb einer Frist von drei Monaten dem Finanzamt anzuzeigen hat. Jetzt dürfen Sie ruhig stutzig werden. Nach dem Wortlaut dieser Vorschrift müssten also Kinder regelmäßig eine Liste ihrer Weihnachtsgeschenke an das Finanzamt senden! Erst die Rechtsprechung hat hier klargestellt, dass die Anzeigepflicht entfällt, wenn eindeutig und klar feststeht, dass eine Steuerpflicht nicht entstanden ist.

Rechtliche Grundlagen

Fall 4

Student D möchte sich einen Überblick über die Rechtsquellen des Erbschaftsteuerrechts verschaffen.

Können wir ihm da weiterhelfen?

Gesetzliche Grundlage des Erbschaftsteuerrechts ist das oben bereits angesprochene Erbschaftsteuer- und Schenkungsteuergesetz (ErbStG) sowie das Bewertungsgesetz (BewG), in dem gesetzliche Vorschriften insbesondere zur erbschaftsteuerlichen Bewertung von Immobilien und Betrieben geregelt sind. Das Bewertungsgesetz ist also immer dann relevant, wenn das Erbschaftsteuergesetz selbst keine Bewertungsvorschriften für die erbschaftsteuerpflichtigen Vermögensgegenstände enthält. Mit den Bewertungsfragen werden wir uns später in den Lektionen 13 bis 15 befassen.

Leitsatz 1

Gesetzliche Grundlagen des Erbschaftsteuerrechts

Das Erbschaftsteuer- und Schenkungsteuergesetz (ErbStG) normiert das Verfahren der **Besteuerung**. Das Bewertungsgesetz (BewG) regelt die **Bewertung** der Vermögensgegenstände.

Neben den gesetzlichen Grundlagen existiert eine Erbschaftsteuer-Durchführungsverordnung (EStDV), die im Wesentlichen die Anzeigepflichten von Notaren, Gerichten usw. im Zusammenhang mit erbschaftsteuerlich relevanten Sachverhalten regelt. Für die Besteuerungspraxis von außerordentlicher Wichtigkeit sind die Erbschaftsteuerrichtlinien (ErbStR) sowie die ergänzenden Erbschaftsteuerhinweise (ErbStH). Auch wenn diese Vorschriften nur die Finanzämter binden, lässt sich bei Auslegungsfragen aus diesen Richtlinien und Hinweisen immerhin der Standpunkt der Finanzverwaltung zur Gesetzesauslegung ablesen. Schließlich gibt es noch zahlreiche sog. „Steuererlasse" (BMF-Schreiben, Ländererlasse, OFD-Verfügungen etc.). Diese Verlautbarungen der Finanzverwaltung zum ErbStG und zum BewG finden Sie in Textsammlungen verschiedener Verlage. Für das Verständnis der nachfolgenden Ausführungen ist es ratsam, das ErbStG und das BewG in Reichweite zu haben.

Fall 5

D beginnt in Inhaltsverzeichnis des ErbStG zu blättern um eine erste Übersicht zu gewinnen. Warum tun Sie es ihm nicht gleich, denn nur so werden Sie mit dem Gesetz vertraut.

Welchen inhaltlichen Aufbau des ErbStG werden Sie und D hierbei vorfinden? Hierzu eine Übersicht.

Übersicht 1: Inhaltlicher Aufbau des ErbStG

1. **Steuerpflicht** §§ 1 bis 9
   - Steuerpflichtige Vorgänge (§ 1)
   - Persönliche Steuerpflicht (§ 2)
   - Entstehungszeitpunkt der Steuer (§ 9)

2. **Wertermittlung** §§ 10 bis 13d
   - Steuerpflichtiger Erwerb (§ 10)
   - Bewertungsstichtag (§ 11)
   - Bewertung unter Hinweis auf die Vorschriften des BewG (§ 12)
   - Sachliche Steuerbefreiungen (§ 13)

3. **Berechnung der Steuer** §§ 14 bis 19a
   - Steuerklassen (§ 15)
   - Persönliche Freibeträge (§ 16)
   - Steuersätze (§ 19)

4. **Steuerfestsetzung** und **Erhebung** §§ 20 bis 35

5. **Ermächtigungs-** und **Schlussvorschriften** §§ 36 bis 37a

Wir sehen, dass das ErbStG in fünf Teile gegliedert ist und sich ein durchaus logischer Aufbau erkennen lässt, den Sie sich bei Ihrer Klausurbearbeitung zu Nutze machen sollten. Der Aufbau macht deutlich, dass zur Ermittlung der Erbschaftsteuer die Anwendung der §§ 1 bis 19a (Steuerpflicht – Wertermittlung – Berechnung der Steuer) ausreicht. Zudem regeln einige der ersten 19 Paragraphen Sonderfälle, so dass diese nur selten zu berücksichtigen sind. Mithin gelangt man meist unfallfrei zu der gesuchten Erbschaftsteuer, wenn man die relevanten Paragraphen der Reihe nach abarbeitet.

Die Schwierigkeit bei der Ermittlung der Erbschaftsteuer liegt darin, dass sie im Gegensatz zu anderen Steuerarten keinen einfachen Objekt-Subjekt-Beziehungsaufbau hat, sondern durch eine vielschichtige Verwobenheit von sach- und personenbezogenen Anknüpfungspunkten gekennzeichnet ist.

Ob ein steuerbarer und steuerpflichtiger Erwerb vorliegt, hängt u.a. davon ab, welchen Wohnsitz die beteiligten Personen haben, welcher Verwandtschaftsgrad die beteiligten Personen miteinander verbindet und ob der Bereicherte bereits zuvor von derselben Person bereichert wurde. Liegt ein steuerpflichtiger Erwerb vor, ist der Steuertarif (also der jeweils anzuwendende Steuersatz) nicht nur abhängig vom Steuerobjekt (also von den empfangen Vermögensgegenständen), sondern auch vom Steuersubjekt (also der bereicherten Person).

Zum Abschluss dieser Lektion noch ein kleiner Fall, der Ihnen zeigt, dass Kenntnisse des Erbschaftsteuerrechts vor unliebsamen Überraschungen schützen können.

Fall 6

E hat einen findigen Plan entwickelt. Um den kurz bevorstehenden Forderungen des Finanzamts (aus Einkommensteuer) zu entgehen will E sich „verarmen". Er schenkt sein ganzes Vermögen in Höhe eines Sparguthabens von 1 Mio. € seiner Freundin F.

Was hat E im Hinblick auf die Schenkung übersehen?

Die Steuerbelastung bei Schenkungen und Erbschaften kann erheblich sein, was ein Blick auf die Steuersätze in § 19 EStG zeigt. Insbesondere wenn **kein Verwandtschaftsverhältnis** vorliegt, ist der Steuersatz **besonders hoch** (30 bis 50 %) und der Freibetrag gem. § 16 ErbStG **besonders gering** (20.000 €). Man spricht in diesem Zusammenhang auch von einer „doppelten Progression", da mit entfernteren Verwandtschaftsverhältnissen nicht nur die Steuersätze steigen, sondern auch die Freibeträge sinken.

Leitsatz 2

Erbschaftsteuertarif

Der Tarif der Erbschaftsteuer verläuft **doppelt progressiv**: Mit der Entfernung des Verwandtschaftsverhältnisses steigt der Steuersatz und sinken die Freibeträge.

Die Schenkung des E an die F in Fall 6 unterliegt einem Steuersatz von 30 % bei einem Freibetrag von lediglich 20.000 €, da E und F nicht miteinander verwandt sind. Die Höhe der Erbschaftsteuer beträgt dann

0,3 × 980.000 € = 294.000 €.

Die hier nur angerissene Steuerberechnung wird später ausführlich Gegenstand der Lektionen 6 bis 12 sein.

Mit dieser Lektion sind die allgemeinen Vorbemerkungen zur Erbschaftsteuer abgeschlossen und Sie haben einen ersten Überblick erhalten, der hoffentlich Ihr Interesse an den folgenden Lektionen geweckt hat.

II. Sachliche und persönliche Steuerpflicht

Lektion 2: Grundtatbestände der Erbschaftsteuer

Unter der Überschrift „Steuerpflichtige Vorgänge" steckt § 1 Abs. 1 ErbStG die sachliche Steuerpflicht und damit die Grundtatbestände (Steuerobjekte) der Erbschaftsteuer ab. Diese Grundtatbestände werden in den nachfolgenden Bestimmungen (§§ 3 bis 8 ErbStG) weiter konkretisiert. Lediglich der Grundtatbestand der Besteuerung des Vermögens von Familienstiftungen und –vereinen ist in § 1 Abs. 1 Nr. 4 ErbStG abschließend geregelt.

Übersicht 2: Die Grundtatbestände der Erbschaftsteuer

- der **Erwerb von Todes wegen**
    (§ 1 Abs. 1 Nr. 1 ErbStG; §§ 3 bis 6 ErbStG)

- die **Schenkungen unter Lebenden**
    (§ 1 Abs. 1 Nr. 2 ErbStG; § 7 ErbStG)

- die **Zweckzuwendungen**
    (§ 1 Abs. 1 Nr. 3 ErbStG; § 8 ErbStG)

- Vermögen von **Familienstiftungen** und -vereinen in Zeitabständen von 30 Jahren
    (§ 1 Abs. 1 Nr. 4 ErbStG)

Fall 7

Steuerfachgehilfe G will sich möglichst praxis- und klausurrelevante Kenntnisse zur Erbschaftsteuer aneignen. In § 1 Abs. 1 ErbStG findet er die Grundtatbestände der Erbschaftsteuer.

Muss sich G mit allen vier Grundtatbeständen gleichermaßen intensiv befassen, um möglichst relevantes Wissen zu erlangen?

In der Praxis (und auch in Klausuren) stehen die am häufigsten auftretenden Tatbestände, nämlich der Erwerb von Todes wegen und die

Schenkung unter Lebenden im Mittelpunkt. Weniger relevant sind die Zweckzuwendungen und die Familienstiftungen und -vereine.

Für G sollten daher der Erwerb von Todes wegen und die Schenkung unter Lebenden im Mittelpunkt seiner Bemühungen stehen. Zu den anderen Tatbeständen sollte er (und auch Sie) aber folgendes doch wissen:

Zweckzuwendungen

Fall 8
Vater V setzt seinen Sohn S als Erben ein und verpflichtet ihn, vom Erbe 40.000 € an seine frühere Haushälterin H auszuzahlen.

Ist die Zuwendung des S an H eine Zweckzuwendung?

Zweckzuwendungen sind

▶ Zuwendungen von Todes wegen oder

▶ freigebige Zuwendungen unter Lebenden,

▶ die mit der Auflage verbunden sind, zugunsten eines bestimmten Zweckes (nicht zugunsten einer bestimmten Person) verwendet zu werden, soweit dadurch die Bereicherung des Erwerbers gemindert wird (§ 8 ErbStG).

Voraussetzung der Annahme einer Zweckzuwendung ist zunächst die Übertragung von Vermögen auf eine andere Person (Mittelsperson), damit diese entsprechend des vom Geber festgelegten Zwecks etwas aufwendet. Die Eigenart der Zweckzuwendung ist also, dass die Zuwendung keiner bestimmten Person, sondern einem objektiv bestimmten Zweck zugute kommen soll.

Mit der früheren Haushälterin wird in Fall 8 nicht ein bestimmter Zweck, sondern eine Person begünstigt, es handelt sich also nicht um eine Zweckzuwendung, sondern um ein Vermächtnis, dass dem Grundtatbestand des Erwerbes von Todes wegen zuzuordnen ist. Mehr hierzu erfahren Sie in Lektion 3.

Fall 9

Vater V setzt seinen Sohn S als Erben mit der Bestimmung ein, einen bestimmten Teil des Erbes für die Pflege seines treuen Hundes „Carlos" aufzuwenden.

Zweckzuwendung?

Dem S fällt zwar das Erbe zu, allerdings hat er einen Teil davon für einen bestimmten Zweck (Pflege von Carlos) zu verwenden. Demnach handelt es sich im Fall 9 um eine Zweckzuwendung von Todes wegen (§ 1 Abs. 1 Nr. 3 i.V.m. § 8 ErbStG)

Leitsatz 3

Zweckzuwendung

Bei einer Zweckzuwendung wird einer Person Vermögen mit der **Verpflichtung** zugewendet, es für einen dieser Person **fremden Zweck** zu verwenden. Dieses zweckbestimmte Vermögen ist steuerbar nach § 1 Abs. 1 Nr. 3 ErbStG i.V.m. § 8 ErbStG.

Der Grundtatbestand der Zweckzuwendung will vermeiden, dass der beim Erwerber nicht zu erfassende Teil der Zuwendung (also die Zweckzuwendung) unversteuert bleibt. Die Zweckzuwendung führt daher insoweit zu einer Steuerbarkeit, als hierdurch die Bereicherung des Erwerbers gemindert wird (§ 8 ErbStG). Da ein Zweck als solcher nicht Steuerschuldner sein kann, wird der mit der Ausführung Beschwerte als Steuerschuldner herangezogen (§ 20 Abs. 1 ErbStG) und zwar mit einem sehr ungünstigen Steuersatz. Mehr zum Erbschaftsteuertarif erfahren Sie in der Lektion 10.

Familienstiftungen und -vereine

 Fall 10

Unternehmer Dr. B möchte die seit Generationen in Familienbesitz befindliche Burg Brockelstein mit angeschlossenem Hotelbetrieb in eine Stiftung einlegen, deren Erträge in Zukunft ihm und den übrigen Familienmitgliedern zugute kommen sollen. Damit möchte er der aus seiner

Sicht „völlig überflüssigen" Erbschaftsteuer für alle Zeit aus dem Wege gehen.

Was sagen Sie zu diesem Steuersparmodell?

Das Vermögen einer Stiftung unterliegt in Zeitabständen von 30 Jahren der Erbschaftsteuer, wenn die Stiftung wesentlich im Interesse einer oder mehrere Familien errichtet ist. Dasselbe gilt für das Vermögen eines Vereins, dessen Zweck wesentlich im Interesse einer oder mehrerer Familien auf die Bindung von Vermögen gerichtet ist (§ 1 Abs. 1 Nr. 4 ErbStG).

Dr. B wird in Fall 10 nicht besonders erfreut darüber sein, dass auch Familienstiftungen und -vereine von der Erbschaftsteuer alle 30 Jahre erfasst werden. Zudem wird auch die Einlage der Burg Brockelstein in die Stiftung steuerlich erfasst. Der Übergang dieses Vermögens ist nämlich nach § 7 Abs. 1 Nr. 8 ErbStG steuerbar. Zu der Besteuerung solcher Schenkungen erfahren Sie später in Lektion 4 mehr.

Leitsatz 4

Familienstiftungen und -vereine

Familienstiftungen und -vereine unterliegen in Zeitabständen von **30 Jahren** der Erbschaftsteuer.

Nachdem Sie in dieser Lektion die Grundtatbestände der Erbschaftsteuer kennen gelernt haben und Sie Zweckzuwendungen sowie Familienstiftungen und -vereine als Grundtatbestände von eher untergeordneter Bedeutung einordnen können, befassen wir uns in des folgenden beiden Lektion ausführlicher mit den bedeutenderen Grundtatbeständen

▶ der Erwerbe von Todes wegen und

▶ der Schenkungen unter Lebenden.

Lektion 3: Erwerbe von Todes wegen

■ Fall 11
F erhält beim Tod ihres Ehemannes M aus einer von ihm abgeschlossenen Lebensversicherung 1 Mio. € ausgezahlt.

Steuerbar?

Unter den Oberbegriff „Erwerbe von Todes wegen" (§ 1 Abs. 1 Nr. 1 ErbStG) fallen alle Erwerbe aus Anlass des Todes einer natürlichen Person. Die unter diesen Oberbegriff fallenden Erwerbe werden in § 3 ErbStG abschließend aufgezählt (vgl. Übersicht 3).

Übersicht 3: Steuerbare Erwerbe von Todes wegen

Erwerbe von Todes wegen
§ 1 Abs. 1 Nr. 1 i.V.m. § 3 ErbStG

Haupttatbestände § 3 Abs. 1 Nrn. 1 bis 4 ErbStG	Ergänzungstatbestände § 3 Abs. 2 Nrn. 1 bis 7 ErbStG
Erwerb durch – **Erbanfall** – **Vermächtnis** – geltend gemachten **Pflichtteilsanspruch** (Nr. 1) Erwerb durch **Schenkung auf den Todesfall** (Nr. 2) Sonstige Erwerbe (Nr. 3) Vermögensvorteil aufgrund eines Vertrages zugunsten Dritter (Nr. 4)	Übergang von Vermögen auf eine Stiftung (Nr. 1) Erwerb infolge der Vollziehung einer Auflage oder Eintritt einer Bedingung (Nr. 2) Erwerb infolge einer Zuwendung (Nr. 3) Abfindung für einen Verzicht auf Erwerbe von Todes wegen (Nr. 4) Abfindung für noch unwirksame aber nicht mehr ausschlagbare Vermächtnisse (Nr.5) Entgelt für die Übertragung der Anwartschaft eines Nacherben (Nr. 6) Herausgabeanspruch des Vertrags- oder Schlusserben (Nr. 7)

Leitsatz 5

Erwerbe von Todes wegen

Erwerbe von Todes wegen sind alle **Vermögenserwerbe aus Anlass des Todes einer natürlichen Person**. Die steuerbaren Erwerbe von Todes wegen sind in § 3 ErbStG abschließend aufgezählt.

In der Aufzählung des § 3 ErbStG knüpft das Gesetz an zahlreiche zivilrechtliche Regelungen des Erbrechts an (u.a. Erbanfall, Vermächtnis, Pflichtteilsanspruch) und bezieht darüber hinaus auch weitere Erwerbe mit ein, die mit dem Tode einer natürlichen Person in Zusammenhang stehen (z.B. Leistungen aus Lebensversicherungsverträgen des Erblassers nach § 3 Abs. 1 Nr. 4 ErbStG).

Die Lebensversicherungssumme, die F in Fall 11 beim Tod ihres Ehemannes aus dessen Lebensversicherungsvertrag erhält unterliegt als „Vermögensvorteil, der auf Grund eines vom Erblasser geschlossenen Vertrages bei dessen Tode von einem Dritten unmittelbar erworben wird" (§ 3 Abs. 1 Nr. 4 ErbStG) der Erbschaftsteuer. Tatbestände, die der Erbschaftsteuer unterliegen bezeichnen wir, wie Sie inzwischen wissen, als „(erbschaft-) steuerbar".

Hinweis: Hätte nicht M den Vertrag auf sein Leben abgeschlossen, sondern die F auf das Leben ihres Mannes, wäre die Auszahlung der 1 Mio. nicht erbschaftsteuerbar, da der Vertrag nicht vom Erblasser geschlossen worden wäre. Lesen Sie § 3 Abs. 1 Nr. 4 ErbStG.

Im Folgenden werden wir die wichtigsten Tatbestände, die unter den Oberbegriff der Erwerbe von Todes wegen fallen, näher untersuchen.

Erwerb durch Erbanfall

Als Erwerb von Todes wegen kommt hauptsächlich der Erwerb durch Erbanfall in Betracht. Mit dem Tod einer natürlichen Person geht deren Vermögen auf den oder die Erben über (§ 1922 Abs. 1 BGB).

Fall 12

Vater V verstirbt und hinterlässt weder Testament, noch liegt ein Erbvertrag vor. Der Nachlass besteht aus einem Sparguthaben i.H.v. 2 Mio. €. Folgende Personen kommen als Erben in Betracht:

- Mutter M des V,

- leiblicher Sohn S des V,

- Ehefrau E des S,

- Adoptivtochter A des V,

- Stiefsohn B des V.

Wer erbt? Wie wird das Erbe zivilrechtlich aufgeteilt?

Was haben die Erben zu veranlassen?

Wer ist verpflichtet eine Erbschaftsteuererklärung abzugeben?

Wie wird das Sparguthaben im Rahmen der Erbschaftsteuerermittlung auf die Erben verteilt?

Zur Beantwortung dieser Fragen werden wir uns zunächst einige Grundlagen des Erbrechts kurz vergegenwärtigen.

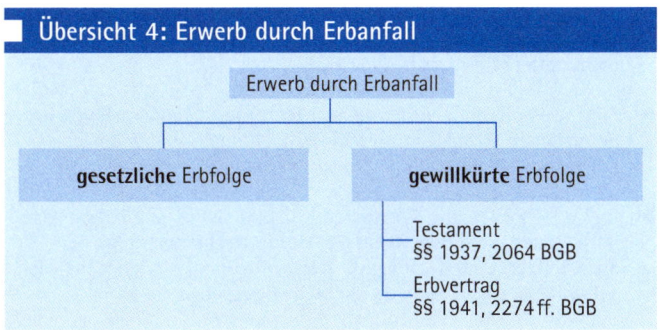

Übersicht 4: Erwerb durch Erbanfall

- Als Wege zu einem Erwerb durch Erbanfall (kurz: einer Erbschaft) zu gelangen, kommen alternativ die gesetzliche Erbfolge und die gewillkürte Erbfolge durch Testament oder Erbvertrag in Frage (vgl. Übersicht 4).

- Die gesetzliche Erbfolge tritt ein, wenn weder ein Testament noch ein Erbvertrag vorliegt.

- Grundprinzip der gesetzlichen Erbfolge ist, dass derjenige erbt, der mit dem Erblasser näher verwandt ist.

- Die gesetzliche Erbfolge beruht auf dem System der Erbfolgeordnung (§§ 1924 bis 1930 BGB), die die Reihenfolge der zum Zuge kommenden Verwandten in sog. Ordnungen festlegt.

- Erben erster Ordnung sind die Abkömmlinge des Erblassers (Kinder, Enkel, Urenkel usw.). Sind keine Erben erster Ordnung vorhanden, kommen die Erben zweiter Ordnung (Eltern des Erblassers und deren Abkömmlinge) zum Zuge. Gesetzliche Erben dritter Ordnung und weiterer Ordnungen sind die Großeltern und die entfernteren Voreltern des Erblassers und deren Abkömmlinge.

- Eine Sonderregelung betrifft Ehegatten. Der überlebende Ehegatte des Erblassers ist ebenfalls gesetzlicher Erbe der ersten Ordnung.

- Die gesetzliche Erbfolge kann durch eine gewillkürte Erbfolge beliebig verändert werden. Wichtigstes Instrument zur Herstellung einer gewillkürten Erbfolge ist das Testament, das entweder eigenhändig geschrieben und eigenhändig unterzeichnet oder notariell beurkundet sein muss (§ 2231 BGB).

- Sind Abkömmlinge, Ehegatte oder Eltern testamentarisch von der gesetzlichen Erbfolge ausgeschlossen, können sie von den Erben einen sog. Pflichtteil (§ 2303 BGB) verlangen.

- Im Erbfall gehen alle Rechte und Pflichten in einem Akt (uno actu) auf den oder die Erben über (sog. Gesamtrechtsnachfolge oder auch Universalsukzession, vgl. § 1922 BGB). So tritt der Erbe z.B. bei laufenden Verträgen an die Stelle des Erblassers.

Leitsatz 6

Gesamtrechtsnachfolge (§ 1922 BGB)

Im Erbfall gehen alle Rechte und Pflichten des Erblassers **in einem Akt** auf den oder die Erben über (Gesamtrechtsnachfolge).

In Fall 12 liegt weder ein Testament noch ein Erbvertrag vor. Damit ist die gesetzliche Erbfolge maßgebend. Als gesetzliche Erben kommen M, S und A in Betracht. Die Ehefrau E des Sohnes und der Stiefsohn B sind mit A nicht verwandt und daher keine gesetzlichen Erben. Adoptivkinder zählen zu den Abkömmlingen erster Ordnung. Erben erster Ordnung schließen Erben anderer Ordnungen aus (§ 1930 BGB). M ist Erbin zweiter Ordnung und erbt folglich nicht. Im Ergebnis erben also S und A zu gleichen Teilen (§ 1924 Abs. 4 BGB).

Erwerbe durch Erbanfall sind immer steuerbar. Wie wir bereits wissen löst dies eine Anzeigepflicht gegenüber dem Finanzamt aus. Jeder Erwerber hat einen steuerbaren Erwerb innerhalb von drei Monaten dem Finanzamt anzuzeigen (§ 30 Abs. 1 ErbStG). Diese Anzeigepflicht entfällt laut Rechtsprechung, wenn eindeutig und klar feststeht, dass eine Steuerpflicht nicht entstanden ist. Also z.B. wenn die Höhe der Erbschaft so gering ist, dass der Freibetrag (Kinder z.B. 400.000 €) nicht überschritten wird.

In Fall 12 haben also S und A die Verpflichtung die Erbschaft innerhalb von drei Monaten beim Finanzamt anzuzeigen. Die Anzeigepflicht entfällt nicht, da angenommen werden muss, dass eine Steuerpflicht entstanden ist. Der Freibetrag für Kinder ist deutlich überschritten. Das Finanzamt wird S und A auffordern eine Erbschaftsteuererklärung abzugeben, die insbesondere ein Verzeichnis der zum Nachlass gehörenden Vermögensgegenstände enthalten muss (§ 31 Abs. 1 und 4 ErbStG). S und A können eine gemeinsame Erbschaftsteuererklärung abgeben, die von beiden zu unterzeichnen ist (§ 31 Abs. 4 ErbStG).

Das Steuerrecht knüpft hinsichtlich der Zurechnung des steuerbaren Erwerbs an die oben skizzierten zivilrechtlichen Regelungen im BGB an. Demzufolge ist der Erwerb unmittelbar mit dem Erbfall verwirklicht und entfällt nur bei wirksamer Ausschlagung oder Anfechtung der Erbschaft (§ 1953 BGB).

Wenn mehrere Erben vorhanden sind, wird der Nachlass zivilrechtlich zunächst zu **gemeinschaftlichem Vermögen** der Erben. Die Erben bilden eine sog. **Erbengemeinschaft** (§ 2032 BGB). Die Erben werden dann das Erbe unter sich aufteilen. Diese sog. „Auseinandersetzung" kann jeder Miterbe jederzeit verlangen (§ 2042 BGB).

Erbschaftsteuerrechtlich ist das Vermögen der Erbengemeinschaft den einzelnen Miterben als Steuersubjekte entsprechend ihrer **Erbquote** zuzurechnen (§ 39 Abs. 2 Nr. 2 AO). Dabei gehen die Finanzbehörden von den im Erbschein ausgewiesenen Erbquoten aus. Die zeitlich nachfolgende Erbauseinandersetzung unter den Miterben berührt die Erbschaftsteuer nicht mehr. Dies unterstreicht die Charakterisierung der Erbschaftsteuer als Erbanfallsteuer. Bei den Erben wird das besteuert, was sie durch den Erbfall erlangen (Erbanfall) und nicht das, was sie als Ergebnis der Erbauseinandersetzung letztlich erhalten.

In **Fall 12** erben S und A zu gleichen Teilen. Entsprechend beträgt die jeweilige Erbquote 50 %. Der steuerbare Erwerb beträgt also jeweils 1 Mio. €.

Erwerb durch Vermächtnis

Fall 13
Witwe W hat in ihrem Testament bestimmt, dass ihre langjährige Haushälterin H aus ihrem Vermögen (insgesamt 1 Mio. €) 100.000 € erhalten soll. Der übrige Nachlass soll der gesetzlichen Erbfolge unterliegen. W hinterlässt ihre erwachsenen Kinder A und B.

Erhält jemand durch eine Verfügung von Todes wegen einen Vermögensvorteil zugewendet, ohne, dass er als Erbe eingesetzt wird, liegt ein Vermächtnis vor (§§ 1939, 1941 BGB). Vom eben besprochenen Erbanfall unterscheidet sich das Vermächtnis im Wesentlichen dadurch, dass der Erbe Rechtsnachfolger des Erblassers wird, also in dessen Rechte und Pflichten eintritt, während der **Vermächtnisnehmer** lediglich einen **schuldrechtlichen Anspruch** (Erfüllungsanspruch) gegen den Erben auf die ihm zugewendeten Vermögensgegenstände hat.

Die durch das Vermächtnis betroffenen Vermögensgegenstände gelangen also zunächst in den Nachlass des Erblassers und gehen durch die Erbfolge auf den Erben über. Hiernach bedarf es einer gesonderten Übertragung der Vermögensgegenstände durch den Erben auf den Vermächtnisnehmer. Dem Vermächtnisnehmer wird also ein Vermögensvorteil zuteil, ohne als Erbe eingesetzt worden zu sein (vgl. Übersicht 5).

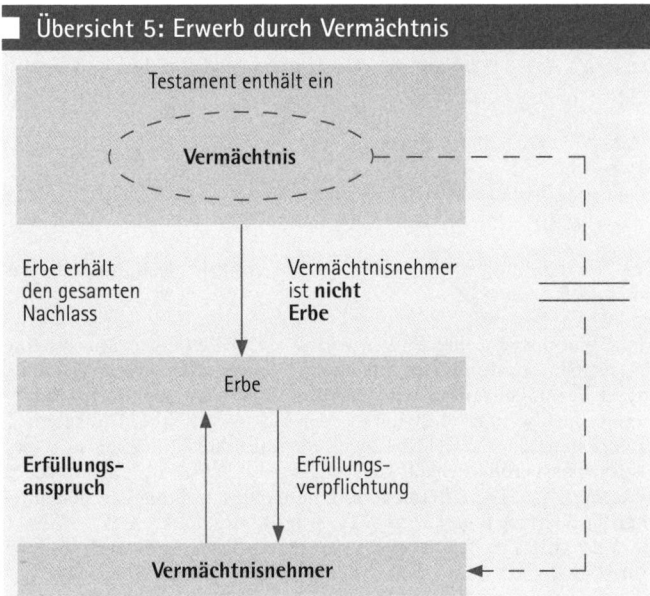

Leitsatz 7

Vermächtnis

Der Begünstigte eines Vermächtnisses (Vermächtnisnehmer) erwirbt mit dem Tode des Erblassers einen **schuldrechtlichen Anspruch** auf die ihm zugewendeten Vermögensgegenstände gegen den Erben.

In Fall 13 sind die beiden Kinder A und B je zur Hälfte gesetzliche Erben. Die Erben sind verpflichtet, das ihren eigenen Vermögenszuwachs mindernde Vermächtnis gegenüber der H zu erfüllen. H wird damit um 100.000 € bereichert. Damit ist sowohl für A und B als auch für H der Tatbestand des § 3 Abs. 1 Nr. 1 ErbStG erfüllt. Bei A und B liegt ein Erwerb durch Erbanfall und bei H ein Erwerb durch Vermächtnis vor.

Die Erben A und B können die Vermächtnisschuld abziehen und werden demnach um

1 Mio. € ./. 100.000 € = 900.000 €

bereichert. Die Berücksichtigung solcher und weiterer sog. Nachlassverbindlichkeiten wird Gegenstand der Lektion 8 sein.

Zur Wiederholung noch einmal, etwas ausführlicher dargestellt, das Ergebnis für A und B:

Mit A und B sind mehrere Erben vorhanden. Diese bilden zunächst eine Erbengemeinschaft mit einem gemeinschaftlichen Vermögen (1 Mio. €). Dieser Vermögensanfall wird ihnen erbschaftsteuerlich je zur Hälfte zugerechnet (je 500.000 €) und ist gem. §§ 1 Abs. 1 Nr. 1, 3 Abs. 1 Nr. 1 ErbStG steuerbar. Nach Erfüllung des Vermächtnisses können sie dieses als Nachlassverbindlichkeit abziehen, so dass sie jeweils um 450.000 € bereichert sind. Diese Bereicherung vermindert sich um den persönlichen Freibetrag. Dieser beträgt für jedes Kind 400.000 € (§ 16 Abs. 1 Nr. 2 ErbStG). Folglich verbleibt ein steuerpflichtiger Erwerb in Höhe von 50.000 €. Aus § 19 Abs. 1 ErbStG ergibt sich ein Steuersatz von 7 % und damit eine Erbschaftsteuer i.H.v. 3.500 € für jedes der beiden Kinder. Je nach Alter der Kinder kommt zusätzlich der besondere Versorgungsfreibetrag (§ 17 Abs. 2 ErbStG) in Betracht. Mehr dazu erfahren Sie in Lektion 9.

Anhand dieses Falles erkennen wir nun bereits (etwas vereinfacht) die durchgängige Systematik der Erbschaftsteuerberechnung:

Übersicht 6: Systematik der Erbschaftsteuerberechnung

	Vermögensanfall
./.	abzugsfähige Nachlassverbindlichkeiten
=	**Bereicherung** des Erwerbers
./.	persönlicher Freibetrag
=	**steuerpflichtiger Erwerb**
×	Steuersatz
=	**tarifliche Erbschaftsteuer**

Die verwendeten Begriffe sollten Sie sich unbedingt einprägen! Sie werden Ihnen das Verständnis der Systematik des Erbschaftsteuergesetzes enorm erleichtern.

Aus dem Wesen des Vermächtnisses als schuldrechtlicher Anspruch können wir schlussfolgern, dass Gegenstand eines Vermächtnisses alles sein kann, was Gegenstand eines Anspruches bzw. einer Leistung aufgrund eines Schuldverhältnisses sein kann. Hierzu eine Übersicht.

Übersicht 7: Arten eines Vermächtnisses

- **Geldvermächtnisse**
  (Vermächtnisnehmer hat Anspruch auf die Zahlung einer bestimmten Geldsumme)

- **Sachvermächtnisse**
  (Vermächtnisnehmer hat Anspruch auf einen bestimmten Vermögensgegenstand aus dem Nachlass)

- **Rentenvermächtnisse**
  (Vermächtnisnehmer hat Anspruch auf bestimmte Rentenzahlungen)

- **Nießbrauchsvermächtnisse**
  (Vermächtnisnehmer hat ein Nießbrauchsrecht an einem Vermögensgegenstand aus dem Nachlass, wie z.B. ein lebenslanges Wohnrecht in einem zum Nachlass gehörenden Gebäude)

> ▶ **Vorausvermächtnisse**
> (Vermächtnisnehmer hat neben seinem Erbteil einen Anspruch auf einen bestimmten Vermögensgegenstand aus dem Nachlass)

Erwerb auf Grund eines geltend gemachten Pflichtteilsanspruchs

Fall 14

Unternehmer A stirbt nach kurzer schwerer Krankheit und hinterlässt seine von ihm getrennt lebende Ehefrau B sowie seine bereits erwachsenen Kinder C und D. In seinem Testament hat A seinen langjährigen treu ergebenen Butler E als Alleinerben eingesetzt. C und D sind empört über die letztwillige Verfügung ihres Vaters und machen ihre Pflichtteilsansprüche gem. § 2303 Abs. 1 BGB geltend. B tut dies nicht und respektiert aus Pietätsgründen die letztwillige Verfügung.

Der Erblasser kann zwar über seinen Nachlass durch Testament oder Erbvertrag verfügen, seine Testierfreiheit ist aber in einem gewissen Umfang durch das sog. Pflichtteilsrecht eingeschränkt. Danach können die Abkömmlinge des Erblassers, sein Ehegatte und seine Eltern

▶ wenn sie nach der gesetzlichen Erbfolge erbberechtigt wären und

▶ wenn sie durch Testament oder Erbvertrag von der Erbfolge ausgeschlossen sind oder zu gering bedacht sind

die Hälfte des Wertes des gesetzlichen Erbteils als Pflichtteil verlangen (§§ 2303 ff. BGB).

Der Pflichtteilsanspruch ist eine Geldforderung mit der der Pflichtteilsberechtigte der Erbschaftsteuer unterliegt (steuerbarer Vorgang). Pflichtteilsansprüche führen aber nicht schon wegen ihrer bloßen Existenz zur Steuerbarkeit, sondern erst, wenn sie auch geltend gemacht werden.

Schauen Sie sich § 3 Abs. 1 Nr. 1 ErbStG einmal genau an. Sie sehen, dass sich dieser feine aber wichtige Unterschied zwischen einem Pflichtteilsanspruch und einem „geltend gemachten" Pflichtteilsanspruch aus dem Gesetz ergibt. Das Gesetz respektiert damit, dass es durchaus

Gründe geben mag, die dazu führen, dass Pflichtteilsberechtigte auf die Einforderung ihres Anspruches verzichten. „Geltend gemacht" ist der Pflichtteilsanspruch, wenn sich der berechtigte an den Erben wendet und zu erkennen gibt, dass er seinen Anspruch geltend machen will.

Leitsatz 8

Pflichtteilsanspruch

Der Pflichtteilsanspruch entsteht mit dem Erbfall. Erbschaftsteuerlich wird er aber erst berücksichtigt, wenn er gegenüber den Erben **geltend gemacht** ist.

Dies bedeutet für die Beteiligten in unserem Fall 14 folgendes:

▶ B, C und D stehen Pflichtteilsansprüche zu, die im Falle der Geltendmachung vom Alleinerben E erfüllt werden müssten.

▶ E erwirbt aufgrund des Todes von A durch Erbanfall den gesamten Nachlass.

▶ B macht ihren Pflichtteilsanspruch nicht geltend. Sie verwirklicht daher keinen steuerbaren Tatbestand.

▶ C und D erwerben von Todes wegen aufgrund ihrer geltend gemachten Pflichtteilsansprüche die Hälfte des Wertes ihres gesetzlichen Erbteils (§ 2303 Abs. 1 Satz 2 BGB).

▶ E kann bei der Erbschaftsteuerberechnung seinen Vermögensanfall entsprechend kürzen. Der geltend gemachte Pflichtteilsanspruch vermindert als abzugsfähige Nachlassverbindlichkeit den Vermögensanfall des E. Das Ergebnis ist seine Bereicherung.

Hinweis: *Wenn Ihnen die Verwendung und der Inhalt der Begriffe*
 – *Vermögensanfall,*
 – *abzugsfähige Nachlassverbindlichkeit und*
 – *Bereicherung*
nicht ganz klar sind, schauen Sie sich die oben vorgestellte Systematik der Erbschaftsteuerberechnung noch einmal an.

Lektion 4: Schenkungen unter Lebenden

Allgemeines

Auch Schenkungen unter Lebenden unterliegen dem Erbschaftsteuergesetz (§ 1 Abs. 1 Nr. 2 ErbStG), da andernfalls die Entstehung eines erbschaftsteuerpflichtigen Tatbestandes durch eine Schenkung vermieden werden könnte. Dieses Argument findet sich bereits in der amtlichen Begründung zum ErbStG aus dem Jahr 1905. In diesen Fällen wird die Erbschaftsteuer auch als Schenkungsteuer bezeichnet.

Leitsatz 9

Schenkung unter Lebenden

Eine Schenkung unter Lebenden unterliegt ebenso dem Erbschaftsteuergesetz wie der Erwerb von Todes wegen.

Was als Schenkung unter Lebenden gilt, regelt § 7 ErbStG. Als Schenkungen unter Lebenden im Sinne des Erbschaftsteuerrechts gelten sämtliche in § 7 Abs. 1 Nrn. 1 bis 10 ErbStG aufgezählten Vermögensverschiebungen. Dabei normiert § 7 Abs. 1 Nr. 1 ErbStG die Grundform und die Nrn. 2 bis 10 bestimmte Einzelfälle der Schenkung unter Lebenden. Daneben werden in § 7 Abs. 5 bis 7 ErbStG durch Sondertatbestände die Bereicherung des Beschenkten bei gesellschaftsrechtlichen Vorgängen erfasst.

Wie auch bei den Erwerben von Todes wegen ist der Katalog der Steuertatbestände in § 7 ErbStG abschließend. Allerdings dominiert die freigebige Zuwendung als Grundtatbestand noch stärker, als bei den Erwerben von Todes wegen der Erwerb durch Erbanfall.

Hierzu nun eine Übersicht über die Freigebige Zuwendung unter Lebenden.

Übersicht 8: Schenkung unter Lebenden

1. **Grundform** (§ 7 Abs. 1 Nr. 1 ErbStG)
   = **Freigebige Zuwendung unter Lebenden**

2. **Einzelfälle** (§ 7 Abs. 1 Nrn. 2 bis 10 ErbStG)
   – Erwerb infolge der Vollziehung einer Auflage oder Erfüllung einer Bedingung
   – Erwerb im Zusammenhang mir der Genehmigung einer Schenkung
   – Bereicherung des Ehegatten bei Vereinbarung der Gütergemeinschaft
   – Abfindung für einen Erbverzicht
   – Vorzeitiger Erbausgleich
   – Vorzeitige Herausgabe an den Nacherben
   – Übergang von Vermögen aufgrund eines Stiftungsgeschäfts unter Lebenden
   – Erwerb bei Aufhebung einer Stiftung
   – Erwerb aufgrund der Gewährung von Abfindungen

3. **Sondertatbestände** (§ 7 Abs. 5 bis 7 ErbStG)

Streng genommen sind auch die Einzelfälle und die Sondertatbestände nichts anderes als freigebige Zuwendungen im Sinne der Grundform. Der Gesetzgeber hat diese Tatbestände in erster Linie zur Schaffung von Rechtssicherheit aufgezählt. Wir können uns daher in dieser Lektion auf die Untersuchung der Grundform beschränken und nehmen die Einzelfälle sowie die Existenz von Sondertatbeständen, die in der Praxis wenig Bedeutung erlangt haben, als solche zur Kenntnis.

Freigebige Zuwendung

Als Grundform der Schenkung unter Lebenden nennt das ErbStG nicht die Schenkung des bürgerlichen Rechts (§ 516 BGB), sondern die freigebige Zuwendung. Damit löst sich der Gesetzgeber im Wege einer wirtschaftlichen Betrachtungsweise von der Terminologie des BGB. Ziel ist es, die Besteuerung wirtschaftlich gleicher Sachverhalte nicht von einer unterschiedlichen zivilrechtlichen Qualifikation abhängig zu machen.

Fall 15

Tenniscrack T übersendet seinem langjährigen Tennispartner B ein wertvolles Gemälde mittels versicherten Postpakets, um diesem eine Freude zu machen. Der Sportsfreund ist überrascht und unternimmt nichts.

Wie ist dieser Vorgang in Bezug auf Zivilrecht und Erbschaftsteuer zu beurteilen?

Nach den Vorschriften des BGB ist Voraussetzung für die zivilrechtliche Wirksamkeit einer Schenkung, dass Schenker und Beschenkter über die Unentgeltlichkeit der Zuwendung einig sein müssen (§ 516 Abs. 1 BGB). Fehlt es an der Einigkeit hinsichtlich der Unentgeltlichkeit, ist die zugewendete Sache nicht im Sinne des BGB übergegangen. Der Schenker kann den Beschenkten unter Bestimmung einer angemessenen Frist auffordern, die Annahme des Geschenkes zu erklären (§ 516 Abs. 2 BGB).

Im Gegensatz zum Zivilrecht, das die Einigkeit über die Unentgeltlichkeit der Übertragung verlangt, reicht es für die steuerrechtliche freigebige Zuwendung, wenn beim Zuwendenden der einseitige Wille vorhanden ist, die Sache unentgeltlich zuzuwenden.

Demnach liegt in Fall 15 eine freigebige Zuwendung im Sinne des Steuerrechts vor. Eine Schenkung im Sinne des Zivilrechts ist nicht gegeben. Zivilrechtliche Lösung des Sachverhalts: T kann B unter Bestimmung einer angemessenen Frist auffordern, die Annahme des Gemäldes zu erklären. Nach Ablauf dieser Frist gilt die Schenkung des Gemäldes durch B als angenommen, sofern er nicht vorher abgelehnt hat.

Die Schenkung des bürgerlichen Rechts (§ 516 BGB) ist damit lediglich ein Unterfall der freigebigen Zuwendung im Sinne des § 7 Abs. 1 Nr. 1 ErbStG.

Fall 16

T schenkt seiner Tochter zum 1er Abitur einen Ferrari.

Freigebige Zuwendung? Steuerpflicht?

Eine freigebige Zuwendung liegt vor, wenn die beiden folgenden Voraussetzungen gegeben sind:

▶ in objektiver Hinsicht eine **unentgeltliche Bereicherung** des Empfängers und

▶ in subjektiver Hinsicht der **Wille des Zuwendenden**, den Empfänger unentgeltlich zu bereichern (§ 7 Abs. 1 Nr. 1 ErbStG).

Für den Fall 16 bedeutet dies, dass aus Sicht des Erbschaftsteuergesetzes eine freigebige Zuwendung gegeben ist. T hat mit der Schenkung des Ferraris zum 1er Abitur offensichtlich den Willen, seine Tochter auf seine Kosten zu bereichern. Sie ist durch den Ferrari, für den sie nichts zu bezahlen braucht, bereichert. Der Umstand, dass das Geschenk eine Belohnung für das hervorragende Abitur ist, ändert daran nichts.

Ob diese freigebige Zuwendung auch steuerpflichtig ist, hängt u.a. davon ab, ob die persönlichen Freibeträge des Erbschaftsteuergesetzes überschritten sind. Für Kinder beträgt der Freibetrag – wie Sie bereits wissen – 400.000 € (§§ 16 Abs. 1 Nr. 2 i.V.m. 15 Abs. 1 ErbStG). Näheres zu den persönlichen Freibeträgen erfahren Sie in Lektion 9.

Die „Vermögensverschiebung" in Fall 16 fällt also unter die Grundform der freigebigen Zuwendung des ErbStG, ist aber aufgrund der Freibetragsregelungen möglicherweise nicht steuerpflichtig. Es kommt jetzt also auf den konkreten Wert des Ferraris an.

Leitsatz 10

Freigebige Zuwendung

Die Grundform der Schenkung unter Lebenden ist die freigebige Zuwendung. Eine freigebige Zuwendung liegt vor, wenn objektiv eine **unentgeltliche Bereicherung** und subjektiv auf Seiten des Zu-wendenden der **Wille zur Bereicherung** vorliegt.

Auch die Übertragungen im Wege der **vorweggenommenen Erbfolge** sind freigebige Zuwendungen, wenn sie unentgeltlich erfolgen. Unter der vorweggenommenen Erbfolge versteht man die Übertragung von Vermögen oder Vermögensteilen durch den künftigen Erblasser auf einen oder mehrere künftige Erben. Dies sind in aller Regel Übertragungen von Vermögen auf die nächste Generation, typischerweise also von Eltern auf ihre Kinder.

Fall 17

T unterstützt seine Tochter bei der Finanzierung ihres Studiums der Betriebswirtschaftslehre an der Friedrich-Schiller-Universität in Jena. Er überweist ihr monatlich 800 € auf ihr Konto bei der Sparkasse am Studienort.

Freigebige Zuwendung?

Eine freigebige Zuwendung ist nicht gegeben, wenn der Empfänger einen Anspruch hat. Mithin liegt in der Zahlung der Eltern für den Unterhalt oder das Studium der Kinder keine freigebige Zuwendung.

Die Zahlung von T für das Studium seiner Tochter im Fall 17 ist keine freigebige Zuwendung, da die Tochter als Kind von T einen Anspruch darauf hat.

Von einer freigebigen Zuwendung kann auch dann nicht gesprochen werden, wenn eine Zuwendung gegen ein angemessenes Entgelt erfolgt. Die Angemessenheit wird dabei am Verkehrswert des zugewendeten Wirtschaftsguts gemessen. Ist das Entgelt zwar objektiv unangemessen, aber gehen die Parteien subjektiv von einer Gleichwertigkeit aus, ist der Tatbestand der freigebigen Zuwendung nicht erfüllt.

Handelt es sich allerdings um eine auffallende Ungleichwertigkeit zwischen Leistung und Gegenleistung, so kann von einem Willen zur Zahlung eines angemessenen Entgelts nicht mehr ausgegangen werden. In diesen Fällen spricht man von einer gemischten Schenkung.

Gemischte Schenkung

Wenn bei einem gegenseitigen Vertrag Leistung und Gegenleistung in einem offensichtlichen Missverhältnis stehen, liegt regelmäßig eine gemischte Schenkung vor. Die gemischte Schenkung setzt sich aus einem unentgeltlichen und einem entgeltlichen Teil zusammen.

Leitsatz 11

Gemischte Schenkung

Eine gemischte Schenkung liegt regelmäßig vor, wenn bei einem gegenseitigen Vertrag Leistung und Gegenleistung in einem **evidenten Missverhältnis** stehen.

Fall 18

Tenniscrack T überträgt nun ein Grundstück (Verkehrswert 1 Mio. €, Steuerwert 950.000 €) auf seinen Sportsfreund B zu einem „Freundschaftspreis" von 500.000 €. B ist der Meinung, dass keine Steuer anfällt, da er ja 500.000 € gezahlt hat und er zudem die Erwerbsnebenkosten (Notar und Grundbuch) i.H.v. 6.000 € übernommen hat.

Stimmt das?

Anknüpfend an die zivilrechtliche Ausgangslage wird steuerlich die gemischte Schenkung in einen entgeltlichen und einen unentgeltlichen Teil zerlegt. Nur der unentgeltliche Teil ist als freigebige Zuwendung steuerbar (§ 7 Abs. 1 Nr. 1 ErbStG „soweit").

In Fall 18 ist B trotz der von ihm getätigten Gegenleistung objektiv bereichert. Diese Bereicherung ist steuerbar. Stellt man die nach bürgerlich-rechtlichen Bewertungsgrundsätzen bestimmten Verkehrswerte der beiden Leistungen gegenüber kauft B eine Hälfte des Grundstücks, die andere Hälfte bekommt er geschenkt. Der unentgeltliche Teil unterliegt der Erbschaftsteuer während der entgeltlich übertragene Teil nicht steuerbar ist. Würde es eine solche Regelung nicht geben, könnte die Belastung einer Vermögensübertragung mit der Erbschaftsteuer leicht vermieden werden.

Beachte: Bei der Bemessung des Missverhältnisses kommt es auf die Einschätzung des Schenkers an. Mithin kann eine nachweisbar geringere Einschätzung des Grundstückswerts durch T die Bereicherung des B mindern. Eine höhere Einschätzung durch T bliebe hingegen ohne Folgen.

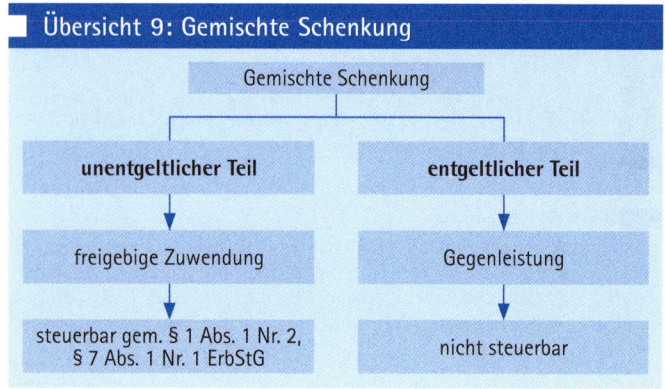

Die Bemessungsgrundlage für die Besteuerung des unentgeltlich erworbenen Teils ist für Fall 18 wie folgt zu ermitteln (R E 7.4 Abs. 1 Satz 2, Abs. 4 ErbStR):

Steuerwert der Schenkung (§ 12 ErbStG)	950.000 €
./. Gegenleistung des Beschenkten	500.000 €
./. übernommene Erwerbsnebenkosten	6.000 €
= Bereicherung = Bemessensgrundlage	444.000 €

Die von B im Zusammenhang mit der Übertragung anfallenden Erwerbsnebenkosten für Notar und Grundbuch sind aus „Vereinfachungsgründen" unbeschränkt abzugsfähig. Ebenso können Steuerberatungskosten für die Schenkungsteuererklärung und die Feststellungserklärung des Grundbesitzwertes in vollem Umfang abgezogen werden. Die Grunderwerbsteuer ist vom Abzug ausgeschlossen, da diese ausschließlich für den entgeltlichen Teil der Schenkung anfällt. Auch Steuer- und Rechtsberatungskosten im Vorfeld der Schenkung sind keine abzugsfähigen Erwerbsnebenkosten.

B hat demnach 444.000 € der Schenkungsteuer zu unterwerfen. Den steuerpflichtige Erwerb erhält man nach Abzug des persönlichen Freibetrags in Höhe von 20.000 € (§§ 16 Abs. 1 Nr. 7 i.V.m. 15 Abs. 1 ErbStG). Wie bereits gesagt, näheres zu den persönlichen Freibeträgen erfahren Sie in Lektion 9.

Leitsatz 12

Bereicherung bei gemischter Schenkung

Bei der gemischten Schenkung ergibt sich die Bereicherung des Erwerbers indem vom **Steuerwert** der Schenkung die **Gegenleistung** des Beschenkten und die übernommenen **Erwerbsnebenkosten** abgezogen werden.

Von einer gemischten Schenkung ist die Schenkung unter Auflage (§§ 525 ff. BGB) abzugrenzen. Während sich die gemischte Schenkung aus einem unentgeltlichen und einem entgeltlichen Rechtsgeschäft zusammensetzt, wird bei einer Schenkung unter Auflage der ganze Vermögensgegenstand verschenkt.

Schenkung unter Auflage

Als Schenkung unter Auflage werden Vorgänge bezeichnet, bei denen der Beschenkte von Schenker verpflichtet wird, bestimmte Leistungen an einen Dritten oder den Schenker zu erbringen (Leistungsauflage) oder bestimmte Einschränkungen zu dulden (Nutzungs- oder Duldungsauflage).

Fall 19

Privatier A schenkt seiner Freundin B ein Grundstück (Verkehrswert 1 Mio. €, Steuerwert 900.000 €) mit der gleichzeitigen Verpflichtung seiner Schwester C 100.000 € zu zahlen.

Wie hoch ist die erbschaftsteuerliche Bereicherung der B?

Bei einer Leistungsauflage wird der Beschenkte verpflichtet eine Geld- oder Sachleistung zu erbringen. Wie bei der gemischten Schenkung ist auch bei der Schenkung unter Leistungsauflage vom Steuerwert der Schenkung auszugehen. Von diesem Wert wird die übernommene

Leistungsauflage und eventuell übernommene Erwerbsnebenkosten abgezogen.

In Fall 19 hat B das Grundstück mit einer Leistungsauflage erhalten. Bereichert ist sie um die Differenz zwischen dem Steuerwert des Grundstücks (900.000 €) und der Leistungsauflage (100.000 €), also 800.000 €. Die Bereicherung in der B i.H.v. 800.000 € ist die Bemessungsgrundlage für die Erbschaftsteuer. Übernommene Erwerbsnebenkosten mindern die Bereicherung und damit auch die Bemessungsgrundlage.

> ## Leitsatz 13
>
> **Bereicherung bei Schenkung unter Leistungsauflage**
>
> Bei der Schenkung unter Leistungsauflage ergibt sich die Bereicherung des Erwerbers indem vom **Steuerwert** der Schenkung die übernommene **Leistungsauflage** und die übernommenen **Erwerbsnebenkosten** abgezogen werden.

Fall 20

Privatier A schenkt seiner Freundin B ein Grundstück (Verkehrswert 1 Mio. €, Steuerwert 900.000 €), das mit einem lebenslangen Wohnrecht zugunsten seines Vaters belastet ist. Der gemeine Wert des Wohnrechts beträgt 100.000 € (näheres zur steuerlichen Bewertung solcher Rechte erfahren Sie in Lektion 13).

Wie hoch ist die erbschaftsteuerliche Bereicherung der B?

Soweit dem Beschenkten die Nutzung des Schenkungsgegenstandes zeitlich befristet nicht zusteht, weil ein Nutzungsrecht besteht, obliegt ihm insoweit eine befristete Duldungspflicht, die keinen entgeltlichen Vertragsteil begründet (Nutzungs- oder Duldungsauflage). Die Belastung des Schenkungsgegenstandes ist bei der Berechnung der Bereicherung durch Abzug der Last zu berücksichtigen.

In Fall 20 hat die B das Grundstück unter einer Nutzungsauflage zugunsten des Vaters des A erhalten. Zur Ermittlung der Bereicherung ist der gemeine Wert des Wohnrechts vom Steuerwert des Grundstücks abzuziehen.

900.000 € ./. 100.000 € = 800.000 €

B ist demnach erbschaftsteuerlich um 800.000 € bereichert. Übernommene Erwerbsnebenkosten mindern die Bereicherung und damit auch die Bemessungsgrundlage.

> ## Leitsatz 14
>
> **Bereicherung bei Schenkung unter Nutzungs- oder Duldungsauflage**
>
> Bei der Schenkung unter Nutzungs- oder Duldungsauflage ergibt sich die Bereicherung des Erwerbers indem die **Last** und die übernommenen **Erwerbsnebenkosten** vom **Steuerwert** der Schenkung abgezogen werden.

Mittelbare Schenkung

Fall 21

Vater V schenkt seinem Sohn S 750.000 € mit der Auflage das Einfamilienhaus „Am Schönwasserpark 123" in Krefeld (Verkehrswert 750.000 €, Steuerwert 650.000 €) zu erwerben.

Wie hoch ist die erbschaftsteuerliche Bereicherung des S?

Grundsätzlich kann zwischen mittelbarer und unmittelbarer Schenkung unterschieden werden:

Eine unmittelbare Schenkung ist gegeben, wenn ein und derselbe Vermögensgegenstand den Schenker entreichert und den Beschenkten bereichert.

Im Gegensatz dazu ist bei der mittelbaren Schenkung der Vermögensgegenstand, der den Schenker entreichert nicht identisch mit dem Vermögensgegenstand, der den Beschenkten bereichert.

Nach dem Wortlaut des § 7 Abs. 1 Nr. 1 ErbStG ist es nicht erforderlich, dass der Entreicherungsgegenstand des Schenkers mit dem Bereicherungsgegenstand des Beschenkten identisch ist. Für die Besteuerung ist die tatsächliche Bereicherung des Beschenkten maßgebend. Die

Rechtsprechung stellt bei der Bestimmung des Schenkungsgegenstandes (also der tatsächlichen Bereicherung) darauf ab, was nach dem Willen des Schenkers geschenkt werden soll.

In Fall 21 schenkt V dem S den Geldbetrag i.H.v. 750.000 € zum Erwerb eines bestimmten Grundstücks. V schenkt dem S demnach mittelbar das Einfamilienhaus, da Entreicherungsgegenstand (Geld) und Bereicherungsgegenstand (Einfamilienhaus) nicht identisch sind. Die erbschaftsteuerliche Bereicherung des S entspricht daher dem Steuerwert des Einfamilienhauses i.H.v. 650.000 €.

Das wesentliche Abgrenzungsmerkmal zwischen einer unmittelbaren Geldschenkung und einer mittelbaren Grundstücksschenkung ist demnach, ob der Schenker ein bestimmtes Objekt dem Beschenkten zuwenden will. Dabei kann es durchaus sein, dass das Objekt noch gar nicht existiert und erst noch hergestellt werden muss.

Fall 22

Vater V Schenkt seiner Tochter T 750.000 € mit der Auflage, ein Einfamilienhaus zu erwerben. Die Entscheidung, welches Haus sie letztlich erwirbt, bleibt der T überlassen. T kauft das Einfamilienhaus „Eschenweg 21" in Krefeld (Verkehrswert 750.000 €, Steuerwert 650.000 €).

Wie hoch ist die erbschaftsteuerliche Bereicherung der T?

V bezeichnet in der Auflage kein bestimmtes Objekt, denn der T bleibt es überlassen, sich für ein Objekt ihrer Wahl zu entscheiden. Es handelt sich also um eine (unmittelbare) Geldschenkung, mit der die T i.H.v. 750.000 € erbschaftsteuerlich bereichert wird.

Leitsatz 15

Mittelbare Grundstücksschenkung

Eine mittelbare Grundstücksschenkung ist dadurch gekennzeichnet, dass dem Beschenkten ein Geldbetrag zur Anschaffung oder Herstellung eines **bestimmten** Grundstücks zugewendet wird.

Die Tatsache, dass Verkehrswert und Steuerwert bei Grundstücken regelmäßig auseinanderfallen macht die mittelbare Grundstücksschenkung zu einem beliebten Steuersparmodell.

Einzelfälle

Die weiteren in § 7 Abs. 1 Nrn. 2 bis 10 ErbStG aufgeführten Einzelfälle der Schenkung unter Lebenden (vgl. Übersicht 8) können bei wirtschaftlicher Betrachtungsweise auch als freigebige Zuwendungen i.S.d. Grundtatbestandes angesehen werden. Ihre Aufzählung dient, wie bereits oben angesprochen, in erster Linie der Rechtssicherheit.

Da wir uns bereits in Fall 10 mit Stiftungen befasst haben, wissen wir bereits, dass das Vermögen der Familienstiftungen und -vereine gem. § 1 Abs. 1 Nr. 4 ErbStG in Zeitabständen von 30 Jahren der Erbschaftsteuer unterliegt. Daneben wissen wir auch, dass der Übergang von Vermögen aufgrund eines Stiftungsgeschäftes unter Lebenden der Erbschaftsteuer unterliegt (§ 7 Abs. 1 Nr. 8 ErbStG).

In Fall 10 will Dr. B bereits zu seinen Lebzeiten eine Familienstiftung errichten und hierzu die Burg Brockelstein in die Stiftung einbringen. Da wir uns inzwischen auch schon etwas mit dem (doppelt progressiven) Erbschaftsteuertarif vertraut gemacht haben, stellt sich natürlich die Frage, welches Verwandtschaftsverhältnis für die Ermittlung des Steuersatzes zugrunde zu legen ist. Hierzu regelt § 15 Abs. 2 Satz 1 ErbStG, dass der Besteuerung das Verwandtschaftsverhältnis des nach der Stiftungsurkunde entferntesten Berechtigten zum Schenker zugrunde zu legen ist.

Spätere Zuwendungen des Dr. B an die dann bereits bestehende Stiftung fallen nicht unter § 7 Abs. 1 Nr. 8 ErbStG, sondern sind freigebige Zuwendungen i.S.d. § 7 Abs. 1 Nr. 1 ErbStG.

Lektion 5: Persönliche Steuerpflicht

Anders als beispielsweise bei der Einkommensteuer (vgl. dazu „Einkommensteuer – leicht gemacht®") unterliegt bei der Erbschaftsteuer nicht eine Person, sondern der Erwerb („Erbanfallsteuer" vgl. Lektion 1) der persönlichen Steuerpflicht. Der Vorschrift des § 2 ErbStG, die mit „persönliche Steuerpflicht" überschrieben ist, bestimmt daher einerseits den Kreis der potenziellen steuerpflichtigen Personen und andererseits den Umfang des Erwerbs, der durch das Erbschaftsteuergesetz erfasst wird.

Leitsatz 16

! **Persönliche Steuerpflicht**

§ 2 ErbStG bestimmt die potenziell steuerpflichtigen Personen und beantwortet dabei auch die Frage, inwieweit die in § 1 ErbStG genannten Erwerbe der deutschen Erbschaftsteuer unterliegen.

Analog zur Einkommensteuer wird auch bei der Erbschaftsteuer zwischen unbeschränkter Steuerpflicht (§ 2 Abs. 1 Nrn. 1 und 2 ErbStG) und beschränkter Steuerpflicht (§ 2 Abs. 1 Nr. 3 ErbStG) unterschieden.

Im Fall der unbeschränkten Steuerpflicht unterliegt der gesamte Erbanfall (Auslands- und Inlandsvermögen = Weltvermögen) der Erbschaftsteuer. Im Fall der beschränkten Steuerpflicht unterliegen lediglich bestimmte Vermögensgegenstände und Nutzungsrechte (Inlandsvermögen) der Erbschaftsteuer (vgl. Übersicht 10).

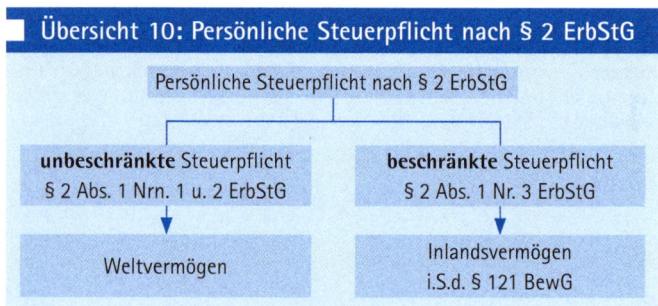

Übersicht 10: Persönliche Steuerpflicht nach § 2 ErbStG

Unbeschränkte Steuerpflicht

Fall 23

Der deutsche Staatsangehörige A lebte seit zehn Jahren auf Mallorca und hinterlässt sein gesamtes Vermögen seiner früheren bolivianischen Lebensgefährtin B mit Wohnsitz in Düsseldorf.

Unterliegt der Erbanfall der B der Erbschaftsteuer in Deutschland?

Der gesamte Vermögensanfall unterliegt der Erbschaftsteuer im Inland, wenn einer der Beteiligten im Zeitpunkt der Entstehung der Steuer (§ 9 ErbStG) Inländer ist.

Mithin ist der gesamte Vermögensanfall steuerbar, wenn

▶ der Erblasser zur Zeit seines Todes,

▶ der Schenker zur Zeit der Ausführung der Schenkung oder

▶ der Erwerber zur Zeit der Entstehung der Steuer

Inländer ist.

Als Inländer gelten jene gem. § 2 Abs. 1 Nr. 1 Buchst. a bis Buchst. d und Nr. 2 ErbStG. Hierzu eine Übersicht.

Übersicht 11: Inländer

**Inländer gem. § 2 Abs. 1 Nr. 1
Buchst. a bis Buchst. d und Nr. 2 ErbStG:**

▶ Natürliche Personen, die **im Inland** einen **Wohnsitz** (§ 8 AO) oder **gewöhnlichen Aufenthalt** (§ 9 AO) haben.

▶ Deutsche Staatsangehörige, die sich **nicht länger als fünf Jahre dauernd im Ausland** aufgehalten haben, ohne im Inland einen Wohnsitz zu haben (sog. verlängerte unbeschränkte Steuerpflicht).

- Deutsche Staatsangehörige ohne Wohnsitz oder gewöhnlichen Aufenthalt im Inland, die zu einer inländischen juristischen Person des öffentlichen Rechts in einem Dienstverhältnis stehen und dafür Arbeitslohn aus einer inländischen öffentlichen Kasse beziehen (**deutsche Auslandsbeamte**), sowie die zu ihrem Haushalt gehörenden Angehörigen mit deutscher Staatsbürgerschaft.

- Körperschaften, Personenvereinigungen und Vermögensmassen, die ihre **Geschäftsleitung (§ 10 AO) oder ihren Sitz (§ 11 AO) im Inland** haben.

- Familienstiftungen und -vereine, die ihre **Geschäftsleitung oder ihren Sitz im Inland** haben.

Beachte: Beim Vermögenserwerb durch Personengesellschaften (GbR, OHG oder KG) ist laut BFH-Rechtsprechung nicht die Personengesellschaft Erwerber sondern die einzelnen Gesellschafter (sog. Gesamthänder) der Personengesellschaft. Damit kommt es in diesen Fällen nicht darauf an, wo die Personengesellschaft ihre Geschäftsleitung oder ihren Sitz hat, sondern auf die Inländereigenschaft der Gesellschafter.

In Fall 23 unterliegt der Erwerb von Todes wegen gem. § 1 Abs. 1 Nr. 1 ErbStG der Erbschaftsteuer. Unbeschränkte Erbschaftsteuerpflicht liegt vor, wenn entweder der Erblasser A oder die Erwerberin B zur Zeit der Entstehung der Steuer, d.h. beim Tode des A, Inländer ist. B hat ihren Wohnsitz im Inland und ist daher gem. § 2 Abs. 1 Nr. 1 Buchst. a ErbStG unbeschränkt erbschaftsteuerpflichtig. Der gesamte Vermögensanfall bei der B ist steuerbar. Die bolivianische Staatsangehörigkeit der B ist ohne Bedeutung.

Leitsatz 17

Unbeschränkte Steuerpflicht

Die in § 1 ErbStG genannten Vermögenserwerbe unterliegen unbeschränkt (**Weltvermögen**) der deutschen Erbschaftsteuer, wenn **einer der Beteiligten** (Erblasser, Schenker oder Erwerber) zur Zeit der Entstehung der Steuer **Inländer** ist. Natürliche Personen sind Inländer, wenn sie ihren Wohnsitz oder ihren gewöhnlichen Aufenthalt im Inland haben.

Beschränkte Steuerpflicht

Fall 24

A ist Deutscher und vor 15 Jahren auf die Insel Formentera (Spanien) ausgewandert und dort verstorben. A hinterlässt seinen Sohn S, der ebenfalls vor 15 Jahren „reif für die Insel" war und sich auf Ibiza niedergelassen hat. S ist Alleinerbe. Zum Nachlass gehören Immobilien in Spanien und in Mannheim sowie ein Sparguthaben bei der Deutschen Bank in Frankfurt.

Welcher Vermögensanfall unterliegt der deutschen Erbschaftsteuer?

Wenn kein Inländer an der unentgeltlichen Vermögensverschiebung beteiligt ist, besteht die Möglichkeit, dass eine Steuerpflicht im Hinblick auf das Inlandsvermögen besteht (sog. beschränkte Steuerpflicht gem. § 2 Abs. 1 Nr. 3 ErbStG). Was unter Inlandsvermögen zu verstehen ist, regelt § 121 BewG. Hierzu eine Übersicht.

Übersicht 12: Inlandsvermögen

Zum Inlandsvermögen gehören u.a.:

- inländisches **land- und forstwirtschaftliches Vermögen**
- inländisches **Grundvermögen**
- inländisches **Betriebsvermögen**
- **Anteile** an einer **Kapitalgesellschaft** mit Sitz oder Geschäftsleitung im Inland, wenn die Beteiligung **mindestens 10 %** beträgt
- grundpfandrechtlich gesicherte **Forderungen**

Die Aufzählung in § 121 BewG ist abschließend, so dass dort nicht angesprochene Vermögensgegenstände nicht der deutschen Erbschaftsteuer unterliegen. Dies sind insbesondere Beteiligungen an einer inländischen Kapitalgesellschaft unter 10 % sowie Guthaben bei einer inländischen Bank, soweit es sich nicht um eine Forderung handelt, die mit inländischem Grundbesitz besichert ist.

In Fall 24 unterliegt der Erwerb von Todes wegen gem. § 1 Abs. 1 Nr. 1 ErbStG der Erbschaftsteuer. Da zur Zeit der Entstehung der Steuer weder A noch S Inländer sind, liegt keine unbeschränkte Steuerpflicht vor. Aus § 2 Abs. 1 Nr. 3 ErbStG ergibt sich jedoch eine beschränkte Steuerpflicht, die sich auf das Inlandsvermögen i.S.d. § 121 BewG erstreckt. Die in Spanien belegenen Grundstücke gehören ebenso wie das Sparguthaben bei der Deutschen Bank in Frankfurt nicht zum Inlandsvermögen, da diese Vermögensgegenstände von § 121 BewG nicht erfasst werden. Der beschränkten Steuerpflicht unterliegt nur der Erwerb des Grundstücks in Mannheim (§ 121 Nr. 2 BewG).

Leitsatz 18

Beschränkte Steuerpflicht

Bei unentgeltlichen Vermögensübergängen von einem **Nicht-Inländer auf einem anderen Nicht-Inländer** ist nur der Teil des übergehenden Vermögens steuerbar, der als **Inlandsvermögen** (§ 121 BewG) in besonderer Beziehung zum Inland steht.

Erweiterte beschränkte Steuerpflicht für Steuerflüchtlinge

Eine Erweiterung der beschränkten Steuerpflicht normiert § 4 AStG für Fälle der Wohnsitzverlegung in Steueroasenländer. Diese Erweiterung erstreckt sich auf einen Zeitraum von zehn Jahren nach Wegzug.

Die nachfolgende Übersicht fasst den Kern der persönlichen Steuerpflicht im Erbschaftsteuerrecht zusammen.

Lektion 5: Persönliche Steuerpflicht

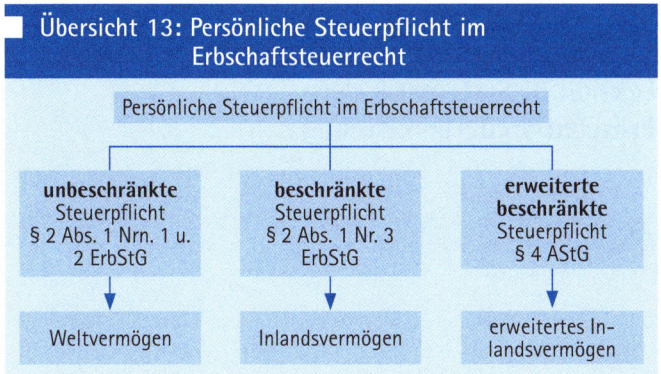

In den Fällen der folgenden Lektionen wird stets von unbeschränkter Steuerpflicht ausgegangen.

III. Berechnung der Erbschaftsteuer

Lektion 6: Systematik der Erbschaftsteuerberechnung

Die Berechnung der Erbschaftsteuer erfolgt durch eine Vielzahl von Berechnungsschritten. In Lektion 3 haben Sie bereits das Grundgerüst dieser Berechnung kennen gelernt. Wenn Sie sich nicht mehr im Detail erinnern schlagen Sie kurz nach.

Die einzelnen Berechnungsschritte zur Ermittlung der festzusetzenden Erbschaftsteuer enden jeweils mit einem begrifflich präzise bezeichneten Ergebnis (Vermögensanfall – Bereicherung – steuerpflichtiger Erwerb – tarifliche Erbschaftsteuer – festzusetzende Erbschaftsteuer) und bauen aufeinander auf. Folgende Berechnungsschritte sind zu durchlaufen:

1. Schritt: Ermittlung des Vermögensanfalls

2. Schritt: Ermittlung der Bereicherung

3. Schritt: Ermittlung des steuerpflichtigen Erwerbs

4. Schritt: Ermittlung der tariflichen Erbschaftsteuer

5. Schritt: Ermittlung der festzusetzenden Erbschaftsteuer

Im Einzelnen ergibt sich für die Berechnung eine Vielzahl weiterer Zwischenschritte, die jedoch in der Praxis und in Klausuren nie in ihrer Gesamtheit zur Anwendung kommen. Allerdings ist es erforderlich, dass Sie sich mit allen Schritten auseinandersetzen, damit Sie die für die Lösung Ihres Falles notwendigen Berechnungsschritte auswählen können.

Das nachfolgend dargestellte Schema sollten Sie sich lediglich in seinen Grundzügen merken. Ziel sollte sein, dass Sie bei jedem Berechnungsschritt den Sie im Rahmen einer Falllösung durchführen, wissen an welcher Stelle in der Systematik Sie sich befinden. Auf diese Weise vermeiden Sie es, den Überblick zu verlieren und Zwischenschritte zu vergessen.

Hinweis: *Dieses hier etwas vereinfacht wiedergegebene Schema finden Sie in RE 10.1 ErbStR. Sollten Sie in Ihrer Klausur die Erbschaftsteuerrichtlinien benutzen dürfen – was in der Regel der Fall sein sollte – besitzen Sie damit ein überaus wichtiges Hilfsmittel!*

Übersicht 14: Schema Erbschaftsteuerberechnung

Systematik der Erbschaftsteuerberechnung

	Steuerwert des Betriebsvermögens
+	Steuerwert der Anteile an Kapitalgesellschaften
=	Zwischensumme
./.	Befreiungen nach §§ 13a, 13c, 13d ErbStG
./.	Befreiungen nach § 13 Abs. 1 Nr. 2 und 3 ErbStG
+	Steuerwert des Grundvermögens
./.	Befreiungen nach § 13 Abs. 1 Nr. 2, 3 und 4a bis 4c ErbStG
./.	Befreiung nach § 13 d ErbStG
+	Steuerwert des übrigen Vermögens
./.	Befreiungen nach § 13 Abs. 1 Nr. 1 und 2 ErbStG
=	**Vermögensanfall nach Steuerwerten**
./.	abzugsfähige Nachlassverbindlichkeiten nach § 10 Abs. 5 ff. ErbStG
./.	weitere Befreiungen nach § 13 ErbStG
=	**Bereicherung des Erwerbers**
./.	ggf. steuerfreier Zugewinnausgleich nach § 5 Abs. 1 ErbStG
+	ggf. hinzuzurechnende Vorerwerbe nach § 14 ErbStG
./.	persönlicher Freibetrag nach § 16 ErbStG
./.	besonderer Versorgungsfreibetrag nach § 17 ErbStG
=	**steuerpflichtiger Erwerb** (abzurunden auf volle 100 €)
x	Steuersatz

=	**tarifliche Erbschaftsteuer** nach § 19 ErbStG
./.	abzugsfähige Steuer nach § 14 Abs. 1 ErbStG
./.	Entlastungsbetrag nach § 19a ErbStG
./.	Ermäßigung nach § 27 ErbStG
./.	anrechenbare Steuer nach § 6 Abs. 3, § 21 ErbStG
=	**festzusetzende Erbschaftsteuer**

Anhand des nachfolgenden Falles werden Sie sehen, wie man sich in der Praxis und in der Klausur zum einen den übersichtlichen Aufbau des Erbschaftsteuergesetzes und zum anderen das oben dargestellte Schema zu Nutze macht.

Fall 25

Mutter M, wohnhaft in Köln, verstirbt am 1. April. Alleinerbe ist ihr in Duisburg lebender 50-jähriger Sohn S. Zum Nachlass gehören

– ein Grundstück (Steuerwert 800.000 €, ohne Anspruch auf Verschonungsabschlag),

– Guthaben bei der Kölner Sparkasse i.H.v. 60.000 €,

– Hausrat (gemeiner Wert 50.000 €),

– Verbindlichkeiten gegenüber dem Finanzamt Köln i.H.v. 5.555 €.

Die Kosten der Bestattung i.H.v. 5.450 € trägt S.

Sachliche und persönlichen Steuerpflicht:

Der Vermögenserwerb des S durch Erbanfall unterliegt gem. § 1 Abs. 1 i.V.m. § 3 Abs. 1 Nr. 1 ErbStG als Erwerb von Todes wegen der Erbschaftsteuer (ist also steuerbar). Da sowohl die Erblasserin als auch der Erwerber zum Zeitpunkt des Todes ihren Wohnsitz im Inland hatten und damit Inländer sind, unterliegt der gesamte Vermögenserwerb des S der Erbschaftsteuer (§ 2 Abs. 1 Nr. 1 ErbStG).

Lektion 6: Systematik der Erbschaftsteuerberechnung

Ermittlung von Entstehung der Steuerschuld und Bewertungsstichtag:

Die Steuer entsteht mit dem Tod der Erblasserin am 1. April (§ 9 Abs. 1 Nr. 1 ErbStG). Dieser Stichtag ist auch für die Ermittlung des Wertes des Vermögensanfalls maßgebend (§ 11 ErbStG).

Hinweis: *Nachdem geklärt ist, dass die Erbschaft des S der deutschen Erbschaftsteuer unterliegt sowie Entstehungszeitpunkt und Bewertungszeitpunkt feststehen, können wir uns der eigentlichen Berechnung der Erbschaftsteuer anhand der oben genannten Schritte zuwenden. Diese Schritte ergeben sich im Wesentlichen aus § 10 Abs.1 ErbStG.*

	Berechnung der Erbschaftsteuer:	
	Summe der Steuerwerte	910.000 €
./.	Steuerbefreiungen (hier: Hausrat gem. § 13 Abs. 1 Nr. 1a ErbStG)	41.000 €
=	**Vermögensanfall nach Steuerwerten**	869.000 €
./.	Nachlassverbindlichkeiten:	
	Schulden des Erblassers (§ 10 Abs. 5 Nr. 1 ErbStG)	5.555 €
	Bestattungspauschbetrag (§ 10 Abs. 5 Nr. 3 ErbStG)	10.300 €
=	**Bereicherung**	853.145 €
./.	persönlicher Freibetrag (§ 16 Abs. 1 Nr. 2 ErbStG)	400.000 €
=	**Steuerpflichtiger Erwerb**	453.145 €
	abgerundet auf volle 100 € (§ 10 Abs. 1 Satz 5 ErbStG)	453.000 €
×	Steuersatz (§ 19 Abs. 1 ErbStG)	15 %
=	**Festzusetzende Erbschaftsteuer**	67.950 €

Ermittlung des Steuerschuldners:

Steuerschuldner ist S als Erwerber (§ 20 Abs. 1 ErbStG).

Dieser Fall zeigt, dass immer lediglich ein Teil des oben aufgeführten Schemas zur Berechnung der Erbschaftsteuer relevant ist. Zudem wird deutlich, dass die Bearbeitung der relevanten Paragraphen in der vom Gesetz vorgegebenen Reihenfolge fast zwangsläufig zur richtigen Lösung führt.

Hinweis: *Die Feststellung der sachlichen und persönliche Steuerpflicht, des Entstehungszeitpunkts der Steuer, des Bewertungsstichtags sowie die Ermittlung des Steuerschuldners gehören in Klausuren immer zur Lösung! Verschenken Sie keine dieser leicht verdienten Punkte.*

Lektion 7: Ermittlung des Vermögensanfalls (1. Schritt)

Fall 26

F erbt von seinem verstorbenen Vater aufgrund letztwilliger Verfügung (Testament) ein Einfamilienhaus in Diepholz sowie ein Sparguthaben bei der Sparkasse Osnabrück. Zudem hat der Vater zugunsten des F eine Lebensversicherung abgeschlossen.

Ein erbschaftsteuerlicher Vermögensanfall umfasst alle Vermögensgegenstände, die auf den Erwerber übergehen. So ist auch denkbar, dass von einem Erwerber gleichzeitig mehrere steuerbare Vermögensverschiebungen verwirklicht werden. Diese Vermögensverschiebungen sind zu einem Gesamterwerb zusammenzufassen.

Der Gesamterwerb kann sich aus unterschiedlichen Vermögensarten zusammensetzen. Dies sind im Einzelnen:

▶ Land- und Forstwirtschaftliches Vermögen

▶ Betriebsvermögen

▶ Anteile an Kapitalgesellschaften

▶ Grundvermögen

▶ übriges Vermögen

In Fall 26 erlangt F neben dem Erwerb von Todes wegen in Form des Erbanfalls (§ 1 Abs. 1 Nr. 1 ErbStG i.V.m. § 3 Abs. 1 Nr. 1 ErbStG) auch einen Vermögensvorteil aufgrund des vom Erblasser geschlossenen Lebensversicherungsvertrages (§ 1 Abs. 1 Nr. 1 ErbStG i.V.m. § 3 Abs. 1 Nr. 4 ErbStG). Beide Vorgänge sind als Erwerbe von Todes wegen steuerbar. Der Gesamterwerb des F besteht aus Grundvermögen (Einfamilienhaus) und übrigem Vermögen (Sparguthaben und Versicherungssumme).

Das Vermögen ist mit Steuerwerten anzusetzen, die sich aufgrund der Vorschriften des ErbStG (§ 12!) und des BewG unter Berücksichtigung bestimmter sachlicher Befreiungen und Verschonungsabschlägen (§§ 13 Abs. 1 Nrn. 1 bis 4c, 13a, 13c, 13d ErbStG) ergeben.

Leitsatz 19

Vermögensanfall nach Steuerwerten

Ausgangspunkt der Ermittlung der Erbschaftsteuer ist der Vermögensanfall beim Erwerber. Dieser umfasst alle Vermögensgegenstände, die auf den Erwerber übergehen. Der Vermögensanfall ist mit den Steuerwerten anzusetzen, die sich aus **§ 12 ErbStG** und dem **BewG** sowie der Berücksichtigung bestimmter **sachlicher Befreiungen** und **Verschonungsabschlägen** ergeben.

Die Verweisung des § 12 Abs. 1 ErbStG auf das BewG hat zur Folge, dass die Vermögensgegenstände grundsätzlich mit dem gemeinen Wert anzusetzen sind, soweit das Gesetz keine Besonderheiten vorsieht (§ 9 Abs. 1 BewG). Der gemeine Wert (synonym: Verkehrswert) ist der Preis, der im gewöhnlichen Geschäftsverkehr bei einer Veräußerung zu erzielen wäre (§ 9 Abs. 2 BewG). Für zahlreiche Vermögensgegenstände gelten allerdings besondere Regeln zur Bewertung. Ziel der Bewertung ist in allen Fällen jedoch eine Annäherung an den gemeinen Wert zu bewerkstelligen.

Auf die Bewertung insbesondere für Immobilien und Betriebsvermögen wird ausführlicher in den Lektionen 13 bis 15 eingegangen.

Folgende sachliche Steuerbefreiungen und Verschonungsregeln sind von besonderer Bedeutung:

Verschonungsabschlag und Abzugsbetrag für Unternehmensvermögen

Die wohl wichtigste und zugleich umstrittenste sachliche Steuerbefreiung sieht § 13a ErbStG für Unternehmensvermögen vor. Begünstigt sind sowohl Erwerbe von Todes wegen als auch Erwerbe durch Schenkungen unter Lebenden.

In seiner **Grundvariante** (sog. Regelverschonung) stellen § 13a Abs. 1 i.V.m. § 13b Abs. 2 ErbStG 85 % des Unternehmensvermögens von der Erbschaftsteuer frei. Für das verbleibende Unternehmensvermögen sieht § 13a Abs. 2 ErbStG einen zusätzlichen Abzugsbetrag in Höhe von 150.000 € vor. Der Abzugsbetrag soll allerdings ausschließlich Kleinunternehmen zugute kommen. Daher verringert sich dieser Betrag um die Hälfte des übersteigenden Betrags, soweit verbleibendes begünstigtes Vermögen die Grenze von 150.000 € übersteigt.

Fall 27

Erblasser E hinterlässt einen Betrieb für den ein gemeiner Wert von 2 Mio. € festgestellt wurde.

Wie hoch ist der Vermögensanfall beim Erben U?

Nach Berücksichtigung des Verschonungsabschlags von 85 % verbleiben 300.000 € (= 15 %). Dieser Betrag übersteigt die Wertgrenze von 150.000 € um 150.000 €. Daher ist der Abzugsbetrag um die Hälfte dieses Betrages, also 75.000 € zu kürzen. Es verbleibt nach Berücksichtigung des Verschonungsabschlags und des („abgeschmolzenen") Abzugsbetrags ein Vermögensanfall von 225.000 €.

Ab einem Steuerwert von 3 Mio. € ist der Abzug auf 0 € abgeschmolzen, da in diesem Fall nach dem Verschonungsabschlag 450.000 € (= 15 %) verbleiben und dieser Betrag die Wertgrenze um 300.000 € übersteigt. Die Hälfte dieses Betrages lässt den Abzugsbetrag auf 0 € schmelzen.

Auf Antrag kann statt der Regelverschonung eine Steuerbefreiung von 100 % gewährt werden (sog. **Optionsverschonung** gem. § 13a Abs. 10 ErbStG). Die Voraussetzungen für die Inanspruchnahme dieser Optionsverschonung sind jedoch sehr restriktiv. Später dazu mehr.

Grundsätzlich begünstigungsfähige Unternehmensvermögen sind:

▶ Betriebe der **Land- und Forstwirtschaft**

▶ **Betriebsvermögen**

▶ **Anteile an Kapitalgesellschaften** mit einer **Mindestbeteiligung** von 25 % am Nennkapital

Die Mindestbeteiligung von 25 % bei Anteilen an Kapitalgesellschaften soll Indiz dafür sein, dass der Anteilseigner unternehmerisch in die Kapitalgesellschaft eingebunden und nicht lediglich Kapitalgeber ist.

Von dem grundsätzlich begünstigungsfähigen Vermögen ist das sog. schädliche Verwaltungsvermögen (also Vermögen, das lediglich verwaltet wird und nicht dem Betrieb dient) abzuziehen. Es soll damit verhindert werden, dass vermögensverwaltende Betriebe Steuervergünstigungen nutzen, die eigentlich für produktive Betriebe vorgesehen sind. Insbesondere soll verhindert werden, dass privates Grundvermögen zur Steuerumgehung in Betriebe eingebracht wird.

Ergebnis ist das begünstigte Vermögen.

Übersicht 15: Das begünstigte Vermögen

Betriebe der Land- und Forstwirtschaft (§ 13b Abs. 1 Nr. 1 ErbStG)

+ Betriebsvermögen (§ 13b Abs. 1 Nr. 2 ErbStG)

+ Anteile an Kapitalgesellschaften (§ 13b Abs. 1 Nr. 3 ErbStG)

= begünstigungsfähiges Vermögen

− schädliches Verwaltungsvermögen

= **begünstigtes Vermögen**

Das schädliche Verwaltungsvermögen wird ermittelt, wie in der folgenden Übersicht dargestellt.

Übersicht 16: Das schädliche Verwaltungsvermögen

Verwaltungsvermögen gem. § 13 Abs. 4 ErbStG

− Altersversorgungsvermögen (§ 13b Abs. 3 ErbStG

− berücksichtigungsfähige Schulden (§ 13b Abs. 6 ErbStG)

= Nettowert des Verwaltungsvermögens

Lektion 7: Ermittlung des Vermögensanfalls (1. Schritt)

− unschädliches Verwaltungsvermögen (§ 13b Abs. 7 ErbStG)

= **schädliches Verwaltungsvermögen**

Welche Wirtschaftsgüter zum Verwaltungsvermögen gehören und damit nicht begünstigtes Vermögen sind, bestimmt § 13b Abs. 4 ErbStG. Dies sind u.a.

▶ Grundvermögen, das Dritten zur Nutzung überlassen wird (Ausnahmen: Überlassung von Grundstücken im Rahmen einer Betriebsaufspaltung oder wenn es sich um Sonderbetriebsvermögen handelt),

▶ Anteile an Kapitalgesellschaften mit einer Beteiligung am Nennkapital von 25 % oder weniger,

▶ Wertpapiere und vergleichbare Forderungen

▶ Kunstgegenstände, Münzen, Edelmetalle, Oldtimer, Yachten sowie sonstige typischerweise der privaten Lebensführung dienende Gegenstände,

▶ Nach Abzug von Schulden verbleibende Finanzmittel (Zahlungsmittel, Geldforderungen etc.).

Unschädliches Verwaltungsvermögen gem. § 13b Abs. 7 ErbStG sind 10 % des um den Nettowert des Verwaltungsvermögens gekürzten gemeinen Wertes des Betriebsvermögens. Mithin findet eine Umqualifizierung des Nettowerts des Verwaltungsvermögens in begünstigtes Vermögen statt. Mit diesem pauschalen Abzugsbetrag vom Nettowert des Verwaltungsvermögens soll berücksichtigt werden, dass jeder Betrieb zur Kapitalstärkung und zur Sicherung der operativen Tätigkeit über Verwaltungsvermögen verfügen muss. Dementsprechend wird der Nettowert des Verwaltungsvermögens wie begünstigtes Vermögen behandelt, soweit er 10 % des um den Nettowert des Verwaltungsvermögens gekürzten gemeinen Wert des Betriebsvermögens nicht übersteigt.

Fall 28

Unternehmer A überträgt seinen Betrieb (gemeiner Wert 1 Mio. €) auf seinen Sohn. Der Nettowert des Verwaltungsvermögens beträgt 250.000 €. Wie hoch sind das unschädliche Verwaltungsvermögen und das begünstigte Vermögen?

Der gemeine Wert des Betriebsvermögens abzüglich des Nettowerts des Verwaltungsvermögens beträgt (1 Mio. – 250.000 =) 750.000 €. Das unschädliche Verwaltungsvermögen ist 10 % dieses Werts, also 75.000 €. Der Nettowert des Verwaltungsvermögens (250.000 €) vermindert um das unschädliche Verwaltungsvermögen (75.000 €) ergibt das schädliche Verwaltungsvermögen (250.000 – 75.000 =) 175.000 €. Begünstigungsfähiges Vermögen (1. Mio. €) abzüglich schädliches Verwaltungsvermögen (175.000 €) ergibt das begünstigte Vermögen (1. Mio. – 175.000 =) 825.000 €.

Für das begünstigte Vermögen sind, wie bereits angesprochen die Verschonungsmöglichkeiten Regelverschonung (85 %) und Optionsverschonung (100 %) vorgesehen, die wir uns nun näher anschauen wollen. Dabei ist grundlegende Voraussetzung für die Inanspruchnahme, dass das Verwaltungsvermögen weniger als 90 % des begünstigungsfähigen Vermögens ausmacht (sog. 90 %-Test nach § 13b Abs. 2 Satz 2 ErbStG).

Regelverschonung (Verschonungsabschlag 85 %)

Erwerber von Unternehmensvermögen werden mit einem Abschlag von 85 % des begünstigten Vermögens verschont, wenn sie nicht mehr als fünf Beschäftigte haben. Bei mehr als fünf Beschäftigten, gilt als weitere Voraussetzung, dass der Betrieb fortgeführt wird und die durchschnittlichen Lohnzahlungen der letzten fünf Jahre vor Erwerb des Betriebes (sog. Ausgangslohnsumme) bestimmte Grenzen (sog. Mindestlohnsummen) nicht überschreitet. Dabei sind die Mindestlohnsummen je nach Anzahl der Beschäftigten gestaffelt. Vgl. dazu die nachfolgende Übersicht.

Übersicht 17: Mindestlohnsummen bei Regelverschonung

bei 6 – 10 Beschäftigten	250 % der Ausgangslohnsumme
bei 11 – 15 Beschäftigten	300 % der Ausgangslohnsumme
bei mehr als 15 Beschäftigten	400 % der Ausgangslohnsumme

Mit dieser sog. Lohnsummenklausel soll sichergestellt werden, dass mit der Steuerverschonung der Unternehmensnachfolge Arbeitsplätze erhalten werden. Im Falle des Unterschreitens der Mindestlohnsumme vermindert sich der schon gewährte Verschonungsabschlag in demselben prozentualen Umfang wie die Mindestlohnsumme unterschritten wird. Gleiches gilt, wenn die sog. Behaltensfrist von fünf Jahren (sog. Lohnsummenfrist) unterschritten wird. Auch hier sollen Anreize geschaffen werden, das Unternehmen weitgehend unverändert fortzuführen.

Fall 29
Dr. A. hinterlässt seiner Ehefrau als Alleinerbin begünstigtes Betriebsvermögen i.H.v. 1 Mio. €. Das Unternehmen hat sieben Beschäftigte. Wie hoch ist das steuerpflichtige Betriebsvermögen?

Vom begünstigten Vermögen (1 Mio. €) wird der Verschonungsabschlag (85 % = 850.000 €) abgezogen, so dass der verbleibende Teil des begünstigten Vermögens 150.000 € beträgt. Von diesem Betrag kann noch der Abzugsbetrag i.H.v. 150.000 € (§ 13a Abs. 2 ErbStG) abgezogen werden, so dass ein steuerpflichtiges Betriebsvermögen von 0 € vorliegt.

Beachte: Da das Unternehmen sieben Beschäftigte hat, würde der Verschonungsabschlag von 85 % anteilig entfallen, wenn die Lohnsumme in den fünf Jahren nach dem Erwerb weniger als 250 % der Ausgangslohnsumme betragen würde.

Fall 30
Wir unterstellen zusätzlich, dass die Lohnsummen der letzten 5 Jahre vor Erwerb jeweils 170.000 €, 185.000 €, 190.000 €, 200.000 € und 220.000 € betragen haben.

Das ergibt eine durchschnittliche Lohnsumme (Ausgangslohnsumme) von 193.000 €. Damit der volle Verschonungsabschlag erhalten bleibt, darf die Lohnsumme in den folgenden fünf Jahren nach Erwerb nicht unter 250% der Ausgangslohnsumme (Mindestlohnsumme) fallen. Die Mindestlohnsumme beträgt 250% x 193.000 = 482.500 €. Das entspricht einer durchschnittlichen Lohnsumme von (482.500 : 5 =) 96.500 € pro Jahr. Wenn also die Mindestlohnsumme die Ausgangslohnsumme nicht unterschreitet bleibt der Verschonungsabschlag von 85% voll erhalten.

Fall 31

Unternehmensnachfolger U möchte in den kommenden Jahren in seinem Betrieb (derzeit 100 Mitarbeiter) kräftig Arbeitsplätze abbauen, um sein Unternehmen „zukunftsfähig" zu machen. Er rechnet damit, dass die Lohnsummen in den nächsten fünf Jahren nur 240% der Ausgangslohnsumme betragen.

Was bedeutet das für die Höhe des Verschonungsabschlags?

Der Verschonungsabschlag von 85% wird im Verhältnis 240/400 auf 0,6 × 85% = 51% gekürzt. Dies führt nach Ablauf des Fünf-Jahres-Zeitraums zu einer (rückwirkenden) Änderung der Steuerfestsetzung.

Mit der Behaltensfrist von fünf Jahren nach § 13a Abs. 6 ErbStG soll verhindert werden, dass der Erwerber das steuerlich begünstigte Vermögen veräußert und so steuerbegünstigt zu nicht begünstigtem Vermögen kommt. Wird der Betrieb weniger als fünf Jahre fortgeführt, fallen der Verschonungsabschlag und der Abzugsbetrag zeitanteilig weg.

Fall 32

Erbe U veräußert seinen im Rahmen der vorweggenommenen Erbfolge erlangten Betrieb (gemeiner Wert 2 Mio. €) nach drei Jahren.

Wie hoch ist der Vermögensanfall beim Erben nach (rückwirkender) Berücksichtigung der Veräußerung?

Der Verschonungsabschlag ist um $2/5$ auf 51% zu kürzen. Es verbleibt hiernach ein Vermögensanfall von 980.000 €. Der Abzugsbetrag wird vollständig weggeschmolzen.

Optionsverschonung (Verschonungsabschlag 100%)

An Stelle der Regelverschonung kann der Erwerber zur sog. Optionsverschonung optieren (§ 13b Abs. 10 ErbStG). In diesem Fall bleibt das begünstigte Vermögen zu 100% steuerfrei. Wichtig: Das schädliche Verwaltungsvermögen bleibt auch hier unverschont.

Die Optionsverschonung ist wesentlich restriktiver als die Regelverschonung ausgestaltet. Voraussetzung für die Inanspruchnahme der Optionsverschonung ist, dass die Quote des Verwaltungsvermögens nicht mehr als 20% beträgt (§ 13b Abs. 10 Satz 2 ErbStG). Erhöhte Anforderungen bestehen bei der Lohnsummenregelung und den Behaltensfristen.

Analog zur Regelverschonung sind die Mindestlohnsummen je nach Anzahl der Beschäftigten gestaffelt. Vgl. dazu die nachfolgende Übersicht.

Übersicht 18: Mindestlohnsummen bei Optionsverschonung

bei 6 – 10 Beschäftigten	500% der Ausgangslohnsumme
bei 11 – 15 Beschäftigten	565% der Ausgangslohnsumme
bei mehr als 15 Beschäftigten	700% der Ausgangslohnsumme

Die Lohnsummenfrist beträgt sieben statt fünf Jahre. Ebenso ist die Behaltensfrist sieben statt fünf Jahre. Beim Verfehlen der Fristen bleiben die Verschonungen, wie auch bei der Regelverschonung anteilig erhalten.

Die Optionsverschonung ist also für Erben geeignet, die davon ausgehen, dass sie den Betrieb mindestens sieben Jahre ohne größere Veränderungen fortführen. Eine solche Annahme ist allerdings angesichts rasanter technologischer Entwicklungen und der zunehmenden Globalisierung für privatwirtschaftliche Unternehmen nicht sonderlich realistisch. Auch im Falle wirtschaftlicher Krisen innerhalb des Sieben-Jahres-Zeitraums sind meist gravierende Strukturentscheidungen notwendig, die einer unveränderten Fortführung entgegenstehen.

Übersicht 19: Verschonungsabschlag für Unternehmensvermögen

	85%-Lösung (§ 13a Abs. 1 – 9a ErbStG) Regelverschonung	100%-Lösung (§ 13a Abs. 10 ErbStG) Optionsverschonung
Mindestlohnsumme ab 6 Beschäftigten	In 5 Jahren nach Erwerb 250 – 400% der Ausgangslohnsumme, gestaffelt nach Anzahl der Beschäftigten	In 7 Jahren nach Erwerb 500 – 700% der Ausgangslohnsumme, gestaffelt nach Anzahl der Beschäftigten
Behaltensfrist	5 Jahre	7 Jahre
Verwaltungsvermögen	< 90% des begünstigungsfähigen Vermögens	≤ 20% des begünstigungsfähigen Vermögens

Verschonungsabschlag für zu Wohnzwecken vermietete Grundstücke

Erwerber von bebauten Grundstücken (z.B. Ein-, Zwei- oder Mehrfamilienhäuser), die zu Wohnzwecken vermietet sind können einen Abschlag von 10% vom Steuerwert des Grundstücks in Anspruch nehmen (§ 13d ErbStG). Ziel dieses Verschonungsabschlags ist die Sicherstellung eines ausreichenden Wohnraumangebots für die Bevölkerung.

Bei gemischt genutzten Grundstücken kann der Abschlag nur für den zu Wohnzwecken vermieteten Teil des Grundstücks in Anspruch genommen werden.

Leitsatz 20

Verschonungsabschlag für vermietete Wohnimmobilien

Vermietete Wohnimmobilien werden bei der Ermittlung des Vermögensanfalls mit einem Verschonungsabschlag von **10%** begünstigt.

Freibeträge für Hausrat und andere bewegliche Gegenstände

Im Rahmen des Erwerbs von sog. „übrigen Vermögen" (Privatvermögen, das nicht Grundvermögen ist) sieht der Gesetzgeber gegenstandsbezogene Steuerbefreiungen vor, die Hausrat und andere bewegliche Gegenstände betreffen, soweit sie nicht zum land- und forstwirtschaftlichen Vermögen, zum Grundvermögen oder zum Betriebsvermögen gehören.

Der Erwerb von Hausrat bis zu 41.000 € und der Erwerb anderer beweglicher körperlicher Gegenstände bis 12.000 € bei Erwerb durch Personen der Steuerklasse I (also insbesondere Ehegatten und Kinder vgl. § 15 Abs. 1 ErbStG) wird durch § 13 Abs. 1 Nr. 1 Buchst. a und b ErbStG steuerfrei gestellt. Für Erwerber der Steuerklassen II und III vermindert sich der Freibetrag für Hausrat und andere bewegliche körperliche Gegenstände auf insgesamt 12.000 € (§ 13 Abs. 1 Nr. 1 Buchst. c ErbStG).

Fall 33

Vater V schenkt seinem Sohn S eine Wohnungseinrichtung (Steuerwert 40.000 €), einen PKW (Steuerwert 5.000 €) und eine Münzsammlung (Steuerwert 300 €).

Wie hoch ist der Vermögensanfall bei S?

Die Freibeträge des § 13 Abs. 1 ErbStG können sowohl bei Erwerben von Todes wegen als auch bei Schenkungen unter Lebenden in Anspruch genommen werden. Nach Ablauf von zehn Jahren können die Freibeträge erneut in Anspruch genommen werden. Geld, Wertpapiere, Münzen, Edelmetalle, Edelsteine und Perlen fallen kraft ausdrücklicher gesetzlicher Beschränkung nicht unter die Befreiung (§ 13 Abs. 1 Nr. 1 Satz 3 ErbStG).

In Fall 33 sind die Wohnungseinrichtung als „Hausrat" und der PKW als „anderer beweglicher körperlicher Gegenstand" von der Steuer befreit, da die jeweiligen Freibeträge nebeneinander gelten und nicht überschritten sind. Die Münzsammlung ist von der Steuerbefreiung des § 13 Abs. 1 ErbStG ausgenommen. Da sich der Wert der Sammlung im Rahmen üblicher Gelegenheitsgeschenke bewegt, greift hier die Steuerbefreiung des § 13 Abs. 1 Nr. 14 ErbStG für übliche Gelegenheitsgeschenke.

Befreiungen nach § 13 Abs. 1 Nrn. 2, 3 und 4a bis 4c ErbStG

Bei allen Vermögensarten ist der Erwerb von **Gegenständen, deren Erhalt im öffentlichen Interesse liegt** (z.B. Kunstsammlungen), aber nicht rentabel bewerkstelligt werden kann, zu 60 %, unter bestimmten Voraussetzungen auch zu 100 % (§ 13 Abs. 1 Nr. 2 ErbStG), steuerbefreit.

Der Erwerb von **Grundbesitz für Zwecke der Volkswohlfahrt der Allgemeinheit** (§ 13 Abs. 1 Nr. 3 ErbStG) ist ebenfalls steuerbefreit. Da diese Befreiung „Grundbesitz" betrifft, ist sie für das sog. „übrige Vermögen" nicht relevant.

Auch der **Erwerb eines Familienheims durch Ehegatten oder Kinder** wird begünstigt.

Zuwendungen unter Ehegatten unterliegen grundsätzlich der Erbschaftsteuer. § 13 Abs. 1 Nr. 4a ErbStG normiert als sachliche Steuerbefreiung die **Schenkung eines Familienheims an den Ehegatten**. Ein Familienheim liegt vor, wenn in einem bebauten Grundstück (Ein-, Zwei- oder Mehrfamilienhaus) eine Wohnung zu eigenen Wohnzwecken genutzt wird.

Auch der **Erwerb eines Familienheims von Todes wegen durch den Ehegatten** unterliegt dieser sachlichen Steuerbefreiung. (§ 13 Abs. 1 Nr. 4b ErbStG). Genauso der **Erwerb eines Familienheims von Todes wegen durch Kinder** (§ 13 Abs. 1 Nr. 4c ErbStG). Hierzu bestehen jedoch Voraussetzungen, die in der folgenden Übersicht dargestellt werden.

Übersicht 20: Steuerfreier Erwerb des Familienheims

Ehegatten

Der Erwerb eines Familienheims **von Todes wegen** durch den Ehegatten unterliegt der sachlichen Steuerbefreiung gem. § 13 Abs. 1 Nr. 4b ErbStG, wenn

- ▶ der Erblasser in dem bebauten Grundstück bis zum Erbfall eine Wohnung zu eigenen Wohnzwecken genutzt hat (**Familienheim**) und

- ▶ der Erwerber die Wohnung über einen Zeitraum von **zehn Jahren** selbst nutzt.

> **Kinder**
>
> Für den Erwerb eines Familienheims **von Todes wegen** durch Kinder ist eine Steuerbefreiung (§ 13 Abs. 1 Nr. 4c ErbStG) vorgesehen, wenn
>
> - der Erblasser in dem bebauten Grundstück bis zum Erbfall eine Wohnung zu eigenen Wohnzwecken genutzt hat (**Familienheim**),
>
> - das Familienheim beim Erwerber unverzüglich nach dem Erbfall zur **Selbstnutzung** bestimmt ist,
>
> - soweit die Wohnfläche **200 qm** nicht übersteigt und
>
> - der Erwerber die Wohnung über einen Zeitraum von **zehn Jahren** selbst nutzt.

Fall 34

Tochter T erbt von ihrer Mutter ein bebautes Grundstück (Steuerwert 1 Mio. €) in dem die Verstorbene auf einer Wohnfläche von 250 qm gelebt hat. T zieht unmittelbar nach dem Erbfall in die Wohnung ein.

Wie hoch ist die Bereicherung der T?

Aufgrund der sachlichen Steuerbefreiung des § 13 Abs. 1 Nr. 4c ErbStG gehört der anteilig auf die Wohnfläche von 200 qm entfallende Teil des Steuerwerts nicht zur Bereicherung. Dies sind

200/250 × 1 Mio. € = 800.000 €.

Der Vermögensanfall beträgt demnach 200.000 €. Sollte die T die Wohnung vor Ablauf der Zehn-Jahres-Frist nicht mehr selbst nutzen, entfällt die Steuerbefreiung und die Bereicherung ist (rückwirkend) mit 1 Mio. € anzusetzen.

Beachte: Die Steuerbefreiung des Familienheims macht die sehr beliebte Gestaltung einer Grundstücksschenkung an die Kinder unter dem Vorbehalt des Nießbrauchs für die Eltern weniger attraktiv. Wenn nämlich das Kind das Grundstück nach dem Tode der Eltern bewohnt, ist es günstiger, wenn das Grundstück erst mit dem Tod der Eltern übergeht und der Erwerb nach § 13 Abs. 1 Nr. 4c ErbStG befreit ist.

Lektion 8: Ermittlung der Bereicherung (2. Schritt)

Die Bereicherung des Erwerbers ergibt sich, ausgehend vom Vermögensanfall, nach Abzug der Nachlassverbindlichkeiten (§ 10 Abs. 5 ErbStG) sowie weiterer Befreiungen (§ 13 Abs. 1 Nrn. 5 ff. ErbStG).

> **Leitsatz 21**
>
> **Ermittlung der Bereicherung**
>
> **Vermögensanfall nach Steuerwerten**
>
> ./. abzugsfähige Nachlassverbindlichkeiten
> ./. weitere Befreiungen nach § 13 ErbStG
>
> = **Bereicherung des Erwerbers**

Nachlassverbindlichkeiten

Bei Erwerben von Todes wegen können die Nachlassverbindlichkeiten vom Vermögensanfall abgezogen werden. Bei Schenkungen werden übernommene Verbindlichkeiten dadurch berücksichtigt, dass die Übertragung in einen entgeltlichen und einen unentgeltlichen Vorgang aufgeteilt wird. Diese gemischten Schenkungen haben Sie bereits in Lektion 4 kennengelernt.

Fall 35

Erblasser E hat in seinem Testament angeordnet, dass Erbe F seine Grabstätte mit einem speziell angefertigten marmornen Engel des bekannten Künstlers Josef Engelspütz schmücken soll (Kosten 25.000 €). Im Nachlass befindet sich eine noch offene Rechnung der Brauerei Engelbräu über 1.000 €. Im Zusammenhang mit dem Begräbnis fallen bei F folgende weitere Kosten an:

- Grabstätte (ohne Engel) 750 €,
- Begräbnis 800 €,
- Sarg (Eiche furniert) 2.000 €,

- Todesanzeigen 1.000 €,
- Leichenschmaus im „Goldenen Engel" 1.000 €,
- Erbschaftsteuererkärung durch den Steuerberater 650 €.

Wie hoch sind die berücksichtigungsfähigen Nachlassverbindlichkeiten?

Es werden in § 10 Abs. 5 ErbStG drei Arten von Nachlassverbindlichkeiten unterschieden. Hierzu eine Übersicht.

Übersicht 21: Arten von Nachlassverbindlichkeiten

▶ **Erblasserschulden**, d.h. Verbindlichkeiten, die bereits durch den Erblasser begründet worden sind und im Wege der Gesamtrechtsnachfolge (§ 1922 BGB, vgl. Leitsatz 6) auf den Erben übergehen. Typische Beispiele für Erblasserschulden sind unbezahlte Rechnungen, überzogenes Girokonto oder Steuerschulden des Verstorbenen.

▶ **Erbfallschulden**, d.h. Verbindlichkeiten, die erst aus Anlass des Erbfalls entstehen. Hierzu gehören in erster Linie Verbindlichkeiten aus Vermächtnissen, Auflagen und geltend gemachten Pflichtteilsansprüchen.

▶ **Erbfallkosten**, d.h. Kosten, die im Zusammenhang mit dem Erbanfall entstehen. Dies sind die Kosten der Bestattung, die Kosten für ein angemessenen Grabdenkmal, die Kosten für die üblich Grabpflege sowie die Kosten der Nachlassabwicklung, -regelung, -verteilung und -erlangung (z.B. Prozesskosten), mindestens kann ein **Pauschbetrag von 10.300 €** ohne besonderen Nachweis abgezogen werden.

Diese Regelungen führen in Fall 35 zu folgender Lösung:

▶ Erblasserschulden: Verbindlichkeiten i.H.v. 1.000 € gegenüber der Brauerei, da diese noch vom Erblasser selbst begründet wurden (§ 10 Abs. 5 Nr. 1 ErbStG).

▶ Erbfallschulden: Die aus der Anschaffung und Aufstellung des marmornen Engels entstehende Verbindlichkeit i.H.v. 25.000 € gegenüber dem Künstler ist eine Auflage des E, die durch F zu erfüllen ist (§ 10 Abs. 5 Nr. 2 ErbStG). Es handelt sich also nicht um Kosten für ein „angemessenes Grabdenkmal", bei dem die Angemessenheit zu prüfen wäre (§ 10 Abs. 5 Nr. 3 ErbStG).

▶ Erbfallkosten: Kosten der Grabstätte, des Begräbnisses, des Sarges, des Leichenschmauses sowie für die Erbschaftsteuererklärung sind Erbfallkosten i.H.v. insgesamt 6.200 €. Da der Pauschbetrag von 10.300 € höher ist, kann dieser angesetzt werden.

Die Nachlassverbindlichkeiten belaufen sich damit auf insgesamt 36.300 €.

Leitsatz 22

Nachlassverbindlichkeiten

Die **Bereicherung** des Erwerbers wird durch die Nachlassverbindlichkeiten (Erblasserschulden, Erbfallschulden und Erbfallkosten) **gemindert**. Für Erbfallkosten ist ein Pauschbetrag von 10.300 € vorgesehen.

Nicht zu den Nachlassverbindlichkeiten gehört die Erbschaftsteuer selbst (§ 10 Abs. 8 ErbStG) sowie die Kosten für die Verwaltung des Nachlasses (§ 10 Abs. 5 Satz 3 ErbStG). Schulden und Lasten, die zu nicht steuerbaren Teilen des Nachlasses gehören, sind ebenfalls keine Nachlassverbindlichkeiten (§ 10 Abs. 6 Satz 1 ErbStG).

Weitere Befreiungen nach § 13 ErbStG

In der Systematik des R E 10.1 ErbStR sind sachliche Steuerbefreiungen zum einen bei der Ermittlung des Vermögensanfalls (Hausrat, andere bewegliche Gegenstände, Gegenstände deren Erhalt im öffentlichen Interesse liegt, Grundbesitz für Zwecke der Volkswohlfahrt und Familienheim gem. § 13 Abs. 1 Nrn. 1 bis 3, 4a bis 4c ErbStG) und zum anderen bei der Ermittlung der Bereicherung (§ 13 Abs. 1 Nrn. 5 ff. ErbStG) vorgesehen.

Zu den letztgenannten sog. „weiteren Befreiungen nach § 13 ErbStG" gehören u.a.:

- Zuwendungen unter Lebenden (bzw. Schuldbefreiung) zum Zweck des angemessenen Unterhalts oder der Ausbildung des Bedachten (§ 13 Abs. 1 Nrn. 5 und 12, Abs. 2 ErbStG),

- Erwerb von Todes wegen bis 20.000 €, wenn an den Erblasser Pflege- oder Unterhaltsleistungen ohne zureichendes Entgelt erbracht worden sind (§ 13 Abs. 1 Nr. 9 ErbStG),

- Vermögensrückfall von Todes wegen an Eltern, wenn diese das Vermögen zuvor durch Schenkung dem Erblasser zugewandt hatten (§ 13 Abs. 1 Nr. 10 ErbStG) und

- übliche Gelegenheitsgeschenke, wie z.B. Hochzeits-, Geburtstags- oder Weihnachtsgeschenke (§ 13 Abs. 1 Nr. 14 ErbStG).

Wie bereits in Lektion 1 (Fall 3) angesprochen bleiben dem Finanzamt Entscheidungen über die Angemessenheit („übliche") von Gelegenheitsgeschenken erspart, da solche Zuwendungen nach der Rechtsprechung nicht angezeigt werden müssen, wenn klar feststeht, dass keine Steuerpflicht entstanden ist.

Nachdem vom Vermögensanfall die Nachlassverbindlichkeiten und die weiteren Befreiungen nach § 13 ErbStG abgezogen wurden erhält man die Bereicherung des Erwerbers.

Lektion 9: Ermittlung des steuerpflichtigen Erwerbs (3. Schritt)

Steuerbemessungsgrundlage der Erbschaftsteuer ist die Bereicherung des Erwerbers, soweit diese nicht steuerfrei ist (§ 10 Abs. 1 ErbStG). Die Bemessungsgrundlage der Erbschaftsteuer wird als „steuerpflichtiger Erwerb" bezeichnet.

Nachdem wir bereits sachliche Steuerbefreiungen auf der Ebene der Ermittlung des Vermögensanfalls und auf der Ebene der Ermittlung der Bereicherung des Erwerbers berücksichtigt haben, kommen wir bei der Ermittlung des steuerpflichtigen Erwerbs zu einer Reihe an der Person und den persönlichen Verhältnissen des Erwerbers anknüpfenden Steuerbefreiungen. Zudem sind u.U. bestimmte Vorerwerbe hinzuzurechnen.

Übersicht 22: Ermittlung des steuerpflichtigen Erwerbs

Bereicherung des Erwerbers

./.	ggf. steuerfreier Zugewinnausgleich nach § 5 Abs. 1 ErbStG
+	ggf. hinzuzurechnende Vorerwerbe nach § 14 ErbStG
./.	persönlicher Freibetrag nach § 16 ErbStG
./.	besonderer Versorgungsfreibetrag nach § 17 ErbStG
=	**steuerpflichtiger Erwerb** (abzurunden auf volle hundert €)

Steuerfreier Zugewinnausgleich

Eheleute leben im gesetzlichen Güterstand der Zugewinngemeinschaft (§§ 1363 ff. BGB), wenn sie nicht etwas anderes (Gütergemeinschaft oder Gütertrennung) vereinbaren. Charakterisiert werden kann die Zugewinngemeinschaft als eine Gütertrennung (der bei Eheschließung vorhandenen Vermögensgegenstände) mit Zugewinnausgleich (des während der Ehe erzielten Zugewinns).

Der Zugewinn ist die Differenz zwischen Endvermögen und Anfangsvermögen (§§ 1373 ff. BGB).

Lektion 9: Ermittlung des steuerpflichtigen Erwerbs (3. Schritt)

Die erbschaftsteuerliche Behandlung einer Beendigung der Zugewinngemeinschaft durch Tod oder Scheidung ist für die unterschiedlichen Fälle der **erbrechtlichen** (§ 1371 Abs. 1 BGB) und der **güterrechtlichen Abwicklung** (§ 1371 Abs. 2 BGB) in § 5 Abs. 1 und 2 ErbStG geregelt. Hiernach ist der Zugewinnausgleich beim erwerbenden Ehegatten, unabhängig davon, auf welchem Wege der Güterstand beendet wird, steuerfrei.

Bei der güterrechtlichen Abwicklung wird der **tatsächliche Zugewinn** ausgeglichen. Die dadurch entstehende Ausgleichsforderung ist steuerfrei. Wird der Zugewinn im Wege der erbrechtlichen Abwicklung dadurch **pauschal** ausgeglichen, dass sich der gesetzliche Erbteil des überlebenden Ehegatten um ¼ **erhöht**, kann diese der Sicherung des Familienfriedens dienende Abwicklung, für die Erbschaftsteuer nicht übernommen werden. Zur Vermeidung von Ungleichbehandlungen ist in diesen Fällen der Betrag zu errechnen, den der überlebende Ehegatte bei einer güterrechtlichen Abwicklung **hätte** geltend machen können (sog. **fiktiver Ausgleichsanspruch**). Der steuerfreie Betrag ergibt sich dann in dieser Höhe.

Fall 36

Die Eheleute M und F leben im gesetzlichen Güterstand der Zugewinngemeinschaft. Bei Eheschließung verfügten sie über kein Vermögen. Als der Ehemann M verstirbt beträgt der Verkehrswert seines Vermögens 2 Mio. € und der Verkehrswert der überlebenden F 1 Mio. €. Die Steuerwerte des Vermögens der Eheleute liegen 20% unter den Verkehrswerten.

Wie hoch ist der steuerfreie Zugewinnausgleich für die F?

Bei **güterrechtlicher Abwicklung** hätte die F einen **Ausgleichsanspruch** in Höhe der Hälfte des Unterschiedsbetrages:

2 Mio. € ./. 1 Mio. € = 1 Mio. € × 0,5 = 500.000 €.

Liegen die Steuerwerte des Vermögens unter den Verkehrswerten, so ist „**höchstens** der mit dem **Steuerwert** des Nachlasses entsprechende Betrag" abzugsfähig (§ 5 Abs. 1 Satz 5 ErbStG).

Folglich ist in **Fall 36** der Betrag des Ausgleichsanspruchs um 20% zu kürzen, so dass 400.000 € abzugsfähig sind.

Leitsatz 23

Steuerfreier Zugewinnausgleich

Der Zugewinnausgleich ist kein steuerpflichtiger Erwerb des ausgleichsberechtigten Ehegatten und wird bei der Ermittlung des steuerpflichtigen Erwerbs abgezogen.

Hinzuzurechnende Vorerwerbe

 Fall 37

Privatier P plant sein Vermögen (Steuerwert 4 Mio. €) seinem Sohn S im Wege der vorweggenommenen Erbfolge „möglichst steuerschonend" zukommen zu lassen. Hierzu möchte er sein Vermögen in zehn, den persönlichen Freibetrag des S von 400.000 € nicht übersteigende, Einzelschenkungen auf den S übertragen.

Gelingt die Steuerverschonung?

Jeder steuerbare Vorgang ist ein selbständiger Erbschaftsteuerfall. Allerdings sieht § 14 ErbStG vor, dass mehrere innerhalb von zehn Jahren von derselben Person anfallende Erwerbe zusammenzurechnen sind. Dabei verlieren die einzelnen Erwerbe aber nicht ihre Selbständigkeit. Es geht lediglich darum, die Steuer für den letzten Erwerb zutreffend zu ermitteln. Die Zusammenrechnung gewährleistet, dass der Erwerber seinen persönlichen Freibetrag innerhalb von zehn Jahren nur einmal ausnutzen kann und, dass sich durch die Aufspaltung in mehrere Teilerwerbe kein Progressionsvorteil ergibt.

Die von P in Fall 37 angestrebte steuerschonende vorweggenommene Erbfolge gelingt nur, wenn zwischen den Einzelschenkungen jeweils mehr als zehn Jahre liegen.

Fall 38

V schenkt seinem Neffen N im Jahre 01 Bargeld i.H.v. 400.000 € und schenkt dem N weitere 1 Mio. € im Jahre 05, nachdem er ihn im Jahr 04 adoptiert hat.

Wie hoch ist die festzusetzende Erbschaftsteuer für den Erwerb in 05?

Lektion 9: Ermittlung des steuerpflichtigen Erwerbs (3. Schritt)

Zur Steuerberechnung 05 ist zunächst die **Steuer auf den Gesamterwerb** (aktueller Erwerb und frühere Erwerbe) auf Grundlage des aktuell geltenden Rechts zu ermitteln. Von dieser vorläufigen Erbschaftsteuer wird dann „die Steuer abgezogen, die für die früheren Erwerbe nach den persönlichen Verhältnissen des Erwerbers und auf der Grundlage der geltenden Vorschriften zur Zeit des letzten Erwerbs zu erheben gewesen wäre" (§ 14 Abs. 1 Satz 2 ErbStG). Wenn die tatsächlich für die früheren Erwerbe entrichtete Steuer höher ist, ist diese abzuziehen (§ 14 Abs. 1 Satz 3 ErbStG).

Von der Steuer auf den Gesamterwerb wird also ein **fiktiver Steuerbetrag** abgezogen, der sich für die früheren Erwerbe unter aktuellem Recht ergeben würde. Statt dieser fiktiven Steuer kann auch die **tatsächlich** für die früheren Erwerbe **entrichtete Steuer** abgezogen werden, wenn diese höher ist.

Diese Alternativen (fiktiver Steuerbetrag oder tatsächlich entrichtete Steuer) führen zum gleichen Ergebnis, wenn sich die **Rechtslage** (z.B. geänderte Freibeträge oder Steuersätze) und die **persönlichen Verhältnisse** (z.B. Eheschließung oder Adoption) zwischen den Erwerbern nicht verändert haben.

Für den **Fall 38** ergibt sich demnach folgende Steuerberechnung:

Erwerb 01		
	Barvermögen	400.000 €	
./.	persönlicher Freibetrag Neffe	20.000 €	
=	steuerpflichtiger Erwerb	380.000 €	
Steuersatz 20 %			**76.000 €**
Gesamterwerb			
	Barvermögen 01	400.000 €	
+	Barvermögen 05	1.000.000 €	
=	Gesamterwerb	1.400.000 €	
./.	persönlicher Freibetrag Adoptivsohn	400.000 €	
=	steuerpflichtiger Erwerb	1.000.000 €	
Steuer auf den Gesamterwerb 19 %			**190.000 €**
fiktive Abzugssteuer			

	Barvermögen 01	400.000 €
./.	persönlicher Freibetrag (400.000 €) höchstens beim Erwerb 01 verbrauchter Freibetrag (vgl. H E 14.1 Abs. 3 ErbStH)	20.000 €
=	steuerpflichtiger Erwerb	380.000 €
Steuersatz 05 15 %		**57.000 €**
Tarifliche Erbschaftsteuer 05		**114.000 €**

Der Vergleich der tatsächlich entrichteten Steuer der Vergangenheit mit der fiktiven Abzugssteuer (§ 14 Abs. 1 Satz 3 ErbStG) ist also dann von Bedeutung, wenn der Steuersatz in der Vergangenheit höher war, als der derzeitig geltende Steuersatz. In diesem Fall ist nicht die fiktive Abzugssteuer sondern die höhere tatsächlich entrichtete Steuer der Vergangenheit von der Steuer auf den Gesamterwerb abzuziehen.

Mit der ermittelten tariflichen Erbschaftsteuer i.H.v. 114.000 € ist der Fall 38 noch nicht abgeschlossen. Es sind noch die Mindeststeuer (§ 14 Abs. 1 Satz 4 ErbStG) und die Höchstgrenze (§ 14 Abs. 3 ErbStG) zu prüfen.

Mindeststeuer bedeutet in diesem Zusammenhang, dass durch die Zusammenrechnung mit den früheren Erwerben die Steuer, die sich für den Letzterwerb (ohne Zusammenrechnung) ergeben würde, nicht unterschritten werden darf. Mit dieser Vorschrift soll also die Abzugssteuer „gedeckelt" werden.

Prüfung der Mindeststeuer (Fall 38)

	Letzterwerb Adoptivsohn	1.000.000 €
./.	persönlicher Freibetrag	400.000 €
=	steuerpflichtiger Erwerb	600.000 €
×	Steuersatz 19 % = Mindeststeuer	114.000 €

Die tarifliche Erbschaftsteuer i.H.v. 114.000 € überschreitet die Mindeststeuer von ebenfalls 114.000 € nicht.

Höchstgrenze bedeutet, dass die durch jeden weiteren Erwerb veranlasste Steuer nicht mehr als 50% dieses Erwerbs betragen darf. Damit findet die Steuer in Fall 38 ihre Obergrenze für den Letzterwerb beim Höchststeuersatz von 50%. Diese Vorschrift soll Härten ausgleichen, dürfte aber kaum praktische Relevanz besitzen.

Prüfung der Höchstgrenze (Fall 45):

	Letzterwerb Adoptivsohn	1.000.000 €
./.	persönlicher Freibetrag	400.000 €
=	steuerpflichtiger Erwerb	600.000 €
×	Steuersatz 50% = Höchstgrenze	300.000 €

Die tarifliche Erbschaftsteuer i.H.v. 114.000 € liegt im Fall 38 unter der Höchstgrenze von 300.000 €.

Fazit (Fall 38):

Nach Prüfung der Mindeststeuer und der Höchstgrenze ändert sich nichts an der tariflichen Erbschaftsteuer i.H.v. 114.000 €. Die tarifliche Erbschaftsteuer entspricht damit der durch das Finanzamt festzusetzenden Erbschaftsteuer.

Leitsatz 24

Hinzuzurechnende Vorerwerbe

Die **Steuerberechnung für den Letzterwerb** bei mehreren Erwerbern innerhalb von zehn Jahren erfolgt so, dass die **Steuer auf den Gesamterwerb** durch eine **Abzugssteuer** gemindert wird. Die Abzugssteuer ist die höhere Steuer, die sich aus dem Vergleich der **tatsächlich entrichteten Steuer** in der Vergangenheit mit der Steuer, die sich für den früheren Erwerb unter **aktuellem Recht** (sog. fiktive Abzugssteuer) ergibt. Für die so errechnete tarifliche Erbschaftsteuer sind abschließend die **Mindeststeuer** und der **Höchstbetrag** zu prüfen. Ergebnis ist die festzusetzende Erbschaftsteuer.

Weitere Beispiele für diese nicht ganz einfache Rechnung finden Sie in den Erbschaftsteuerhilfen (HE 14.1 Abs. 3 ErbStH).

Persönliche Freibeträge

Persönliche Freibeträge sollen nach Maßgabe des Bundesverfassungsgerichts ein sog. „übliches Gebrauchsvermögen" von der Steuer freistellen. Zudem haben sie eine enorme praktische Bedeutung, da sie die Besteuerung kleinerer Erwerbe ausschließen und damit den Verwaltungsaufwand begrenzen. § 16 ErbStG stellt Erwerber in unterschiedlicher Höhe steuerfrei. Hierzu eine Übersicht.

Übersicht 23: Persönliche Freibeträge

Persönliche Freibeträge gem. § 16 ErbStG

- **Ehegatten**, eingetragene Lebenspartner — 500.000 €
- **Kinder**, Enkel bei verstorbenen Eltern — 400.000 €
- Übrige **Enkel** — 200.000 €
- **Urenkel, Eltern** und **Großeltern** im Erbfall — 100.000 €
- **Übrige Erwerber** und Zweckzuwendungen — 20.000 €

Ferner ist zu berücksichtigen, dass Stiefkinder leiblichen Kindern und Adoptivkindern gleichgestellt sind. Beschränkt steuerpflichtige Erwerber erhalten lediglich einen Freibetrag von 2.000 € (§ 16 Abs. 2 ErbStG).

Die Freibeträge beziehen sich immer auf den Erwerb von einer bestimmten Person. Folglich können Kinder bei Erwerben von ihren Eltern für jeden Elternteil einen Freibetrag von 400.000 € geltend machen. Zudem ergibt sich aus der Verbindung zum oben bereits besprochenen § 14 ErbStG, dass nach Ablauf von zehn Jahren ein in Anspruch genommener Freibetrag erneut zur Verfügung steht.

Leitsatz 25

Persönliche Freibeträge

In Abhängigkeit vom Verwandtschaftsgrad bzw. bei Ehegatten mindern persönliche Freibeträge den steuerpflichtigen Erwerb. Die Freibeträge beziehen sich immer auf den Erwerb von einer bestimmten Person und können **alle zehn Jahre** in Anspruch genommen werden.

Hinsichtlich des Abstandes zwischen den Freibeträgen von Kindern (400.000 €) und Enkeln bei noch lebenden Eltern (200.000 €) muss wohl von rein fiskalischen Motiven ausgegangen werden. Dieser Abstand mindert den Anreiz, Vermögen nicht bereits gut situierten Kindern, sondern direkt den Enkeln zu übertragen. Im Ergebnis könnte so eine (steuerpflichtige) Erwerbsstufe (Eltern an Kinder) umgangen werden.

Besonderer Versorgungsfreibetrag

Neben dem persönlichen Freibetrag räumt § 17 ErbStG zur Sicherung des Auskommens von Hinterbliebenen den überlebenden Ehegatten und den Kindern des Erblassers einen besonderen Versorgungsfreibetrag ein.

Dieser Versorgungsfreibetrag kommt also ausschließlich bei Erwerben von Todes wegen zur Anwendung. Dies ist nachvollziehbar, da im Falle von Schenkungen der Schenker weiterhin für die Versorgung von Ehegatte und Kindern aufkommen kann. Die Versorgungsfreibeträge nun als Übersicht.

Übersicht 24: Versorgungsfreibeträge

Die Versorgungsfreibeträge gem. § 17 ErbStG betragen für:

▶ den **Ehegatten**, eingetragenen Lebenspartner	256.000 €
▶ ein Kind bis zu **5 Jahren**	52.000 €
▶ ein Kind von **6 bis 10 Jahren**	41.000 €
▶ ein Kind von **11 bis 15 Jahren**	30.700 €

- ein Kind von **16 bis 20 Jahren** 20.500 €
- ein Kind von **21 bis 27 Jahren** 10.300 €

Der Versorgungsfreibetrag kann ungeschmälert nur in Anspruch genommen werden, wenn den Hinterbliebenen aus Anlass des Todes keine Versorgungsbezüge zustehen, oder nur solche, die der Erbschaftsteuer unterliegen (z.B. Lebensversicherung, vgl. § 3 Abs. 1 Nr. 4 ErbStG).

Unterliegen die Versorgungsbezüge nicht der Erbschaftsteuer (z.B. Hinterbliebenenpensionen der Beamten oder Betriebsrenten, vgl. dazu die Aufzählung in R E 17 Abs. 1 ErbStR), ist der Versorgungsfreibetrag in entsprechender Höhe (Kapitalwert der Ansprüche) zu kürzen. Der Gesetzgeber geht in diesen Fällen also davon aus, dass im Falle derartiger Bezüge die Hinterbliebenen den besonderen Versorgungsfreibetrag nicht oder nicht in voller Höhe brauchen, da sie anderweitig ausreichend versorgt sind.

Leitsatz 26

Besonderer Versorgungsfreibetrag

Der besondere Versorgungsfreibetrag dient zur Sicherung des Auskommens von Hinterbliebenen. Daher wird dieser Freibetrag nur bei **Erwerben von Todes wegen** berücksichtigt. Begünstigte Hinterbliebene sind Ehegatten sowie Kinder bis zu einem Alter von 27 Jahren. Der Freibetrag wird bei Vorliegen bestimmter Versorgungsbezüge gekürzt.

Fall 39

Der 12-jährige Stiefsohn S des Erblassers erhält aufgrund testamentarischer Verfügung seines verstorbenen Stiefvaters 450.555 € Barvermögen. Eigene Versorgungsbezüge erhält S nicht.

Wie hoch ist der steuerpflichtige Erwerb des S?

Der Versorgungsfreibetrag für Kinder steht neben den leiblichen Kindern und den Adoptivkindern und den Stiefkindern des Erblassers zu.

Der steuerpflichtige Erwerb in **Fall 39** beträgt unter Berücksichtigung des persönlichen Freibetrages (400.000 €) und des Versorgungsfreibetrages (30.700 €) 19.855 €. Dieser Wert ist auf volle 100 nach unten abzurunden (§ 10 Abs. 1 Satz 5 ErbStG), so dass im Ergebnis 19.800 € die Steuerbemessungsgrundlage bilden. Hiernach kann mit dem entsprechenden Steuersatz (§ 19 ErbStG) die Steuerschuld berechnet werden kann.

Lektion 10: Ermittlung der tariflichen Erbschaftsteuer (4. Schritt)

Die Höhe der Steuerbelastung hängt von der **verwandtschaftlichen bzw. der ehelichen Beziehung** zwischen Erblasser/Schenker und dem Erwerber ab (sog. Familienprinzip). Dies wird dadurch erreicht, dass neben den bereits angesprochenen persönlichen Freibeträgen unterschiedliche Steuerklassen (§ 15 Abs. 1 ErbStG) zu unterschiedlichen Steuersätzen (§ 19 ErbStG) in Abhängigkeit vom Verwandtschaftsverhältnis bzw. ehelicher Beziehungen führen.

Die tarifliche Erbschaftsteuer wird ermittelt, indem der auf den auf volle 100 nach unten abgerundeten steuerpflichtigen Erwerb (Bemessungsgrundlage) mit dem für den Erwerber relevanten Steuersatz multipliziert wird.

> **Leitsatz 27**
>
> **Ermittlung der tariflichen Erbschaftsteuer**
>
> **steuerpflichtiger Erwerb** (abgerundet auf volle 100 €)
>
> × Steuersatz nach § 19 Abs. 1 ErbStG
>
> = **tarifliche Erbschaftsteuer**

Steuerklassen

Die Erwerber werden in **drei Steuerklassen** eingeteilt. In der vom **Erbschaftsteuertarif** am wenigsten belasteten Steuerklasse I befinden sich u.a. Ehegatten, Kinder und Enkel. In die Steuerklasse II wurde die weniger nahestehenden wie die Geschwister, die Schwiegereltern und die Neffen einsortiert. In der Steuerklasse III befindet sich dann alle übrigen Erwerber. Hierzu eine **Übersicht**.

Lektion 10: Ermittlung der tariflichen Erbschaftsteuer (4. Schritt)

Übersicht 25: Die drei Steuerklassen

▶ **Steuerklasse I**

Ehegatte, eingetragener Lebenspartner, Kinder, Stiefkinder, Enkel, Urenkel, Eltern und Großeltern (bei Erwerb von Todes wegen)

▶ **Steuerklasse II**

Eltern und Großeltern (bei Schenkung unter Lebenden), Geschwister, Neffen, Nichten, Stiefeltern, Schwiegereltern, Schwiegerkinder, geschiedener Ehegatte und der Lebenspartner einer aufgehobenen Lebenspartnerschaft

▶ **Steuerklasse III**

alle übrigen Erwerber (z.B. Freunde, juristische Personen, nichteheliche Lebenspartner) und Zweckzuwendungen

Die unterschiedliche Behandlung der Erwerbe von Eltern und Großeltern bei Erwerb von Todes wegen (Steuerklasse I, persönlicher Freibetrag 100.000 €) und bei Schenkungen unter Lebenden (Steuerklasse II, persönlicher Freibetrag 20.000 €) will Kettenschenkungen bei Schenkungen unter Geschwistern durch Zwischenschaltung der Eltern unter Ausnutzung günstiger persönlicher Freibeträge und des günstigeren Steuertarifs der Steuerklasse I verhindern.

Fall 40

Lebenskünstler L erwartet in absehbarer Zeit sowohl eine Schenkung von seinem Onkel O (Barvermögen 400.000 €) als auch von seiner Mutter M (Barvermögen ebenfalls 400.000 €). L geht zudem davon aus, dass er aus dem O, der über ein Milliardenvermögen verfügt, bald noch weiteres Barvermögen zur Finanzierung seines aufwändigen Lebensstils „herauskitzeln" kann. Bei Steuerberater S erfährt L, dass ihm hinsichtlich der Schenkung von O ein persönlicher Freibetrag von 20.000 € zusteht und der Rest mit einem Steuersatz von 30% (Steuerklasse II bei einem Erwerb bis 6 Mio. €, vgl. §§ 15 Abs. 1, 16 Abs. 1 Nr. 5, 19 Abs. 1 ErbStG) besteuert wird. Aufgrund der Schenkung der Mutter wird keine Erbschaftsteuer anfallen, da sein persönlicher Freibetrag hinsichtlich dieser Schenkung 400.000 € beträgt (§ 16 Abs. 1 Nr. 2 ErbStG).

L fragt den S, ob es nicht eine Möglichkeit zur „Steuerminimierung" gibt. Was wird er dem L raten?

Der persönliche Freibetrag und die Steuerklasse lassen sich sehr effektiv durch eine Adoption verbessern:

▶ Der Adoptierte kommt in den Genuss eines persönlichen Freibetrages von 400.000 € sowie der günstigen Steuerklasse I.

▶ Die mit der Adoption bürgerlich-rechtlich erloschenen Beziehungen zur früheren Verwandtschaft gelten für erbschaftsteuerliche Zwecke weiter (§ 15 Abs. 1a ErbStG!).

Lässt sich also L in Fall 40 von O adoptieren, hat er hinsichtlich der Schenkung des O Anspruch auf den persönlichen Freibetrag von 400.000 € sowie die Anwendung der Steuerklasse I. Die Schenkung des O bleibt demnach steuerfrei. Für weitere Schenkungen von O innerhalb der nächsten zehn Jahre ist der Freibetrag zwar verbraucht, jedoch bleibt der Vorteil der günstigen Steuerklasse I. Die Adoption bleibt im Übrigen aus erbschaftsteuerlicher Sicht ohne Auswirkung auf die Behandlung weiterer Erwerbe von der M oder seinem leiblichen Vater.

Erbschaftsteuertarif

Der Erbschaftsteuertarif (§ 19 ErbStG) ist, wie bereits in Lektion 2 (Leitsatz 1) festgestellt, doppelt progressiv. Der auf die Bemessungsgrundlage anzuwendende Steuersatz steigt sowohl

▶ mit abnehmendem Verwandtschaftsgrad (ausgedrückt in der anzuwendenden Steuerklasse) als auch

▶ mit der Höhe des steuerpflichtigen Erwerbs.

Der jeweils anzuwendende Steuersatz kann der Tabelle in § 19 Abs. 1 ErbStG entnommen werden (vgl. Übersicht 26)

Übersicht 26: Erbschaftsteuertarif nach § 19 Abs. 1 ErbStG

Wert des steuer-pflichtigen Erwerbs bis einschließlich ...	Steuersatz (in %)		
	StKl I	StKl II	StKl III
75.000	7 %	15 %	30 %
300.000	11 %	20 %	30 %
600.000	15 %	25 %	30 %
6.000.000	19 %	30 %	30 %
13.000.000	23 %	35 %	50 %
26.000.000	27 %	40 %	50 %
darüber	30 %	43 %	50 %

Die in der Tabelle bezeichneten Steuersätze sind Effektiv-Sätze, d.h. die Steuersätze sind immer auf den gesamten steuerpflichtigen Erwerb anzuwenden (Vollmengentarif). Innerhalb der einzelnen Steuerstufen wächst die Steuer proportional an. Die (doppelte) Progression vollzieht sich durch die Tarifsprünge an den Wertgrenzen und den Steuerklassen.

Härteausgleich

Fall 41

Mutter M schenkt ihrer Tochter T 475.100 €. Vater V schenkt seinem Sohn S 475.000 €.

Wie hoch ist die jeweilige tarifliche Erbschaftsteuer?

Für T verbleibt nach Abzug des persönlichen Freibetrags i.H.v. 400.000 € ein steuerpflichtiger Erwerb von 75.100 € auf den in der Steuerklasse I ein Steuersatz von 11 % anzuwenden ist. Bei der um 100 € geringeren Schenkung von lediglich 475.000 € des V an den S beträgt nach Abzug des persönlichen Freibetrags der steuerpflichtige Erwerb 75.000 € und der anzuwendende Steuersatz lediglich 7 %. Ohne weitere Regelung ergäbe sich also folgender „Härtefall":

M an T: 75.100 × 11 % = 8.261 €

V an S: 75.000 × 7 % = 5.250 €

Bei der Schenkung von M an T würde der Mehrerwerb von 100 € jenseits der Tarifschwelle von 75.000 € zu einer Mehrsteuer von 3.011 € führen.

Solchen Härtefällen begegnet der Gesetzgeber mit dem sog. Härteausgleich in § 19 Abs. 3 ErbStG.

Demnach ist

▶ bei einem Steuersatz bis zu 30 % die Hälfte,

▶ bei einem Steuersatz von über 30 % drei Viertel

des die letztvorhergehende Wertgrenze übersteigenden Betrages auf die Steuerschuld zu addieren, die sich bei einem steuerpflichtigen Erwerb in Höhe der letztvorhergehenden Wertgrenze ergeben würde.

Das müssen Sie jetzt nicht auf Anhieb verstanden haben. Schauen Sie sich in Ruhe die Berechnung für den Fall 41 an und lesen Sie § 19 Abs. 3 ErbStG in aller Ruhe. Sie werden wahrscheinlich – zu Recht – zu der Erkenntnis kommen, dass § 19 Abs. 3 ErbStG selbst eine „Härte" ist.

Für die Schenkung der M an T in Fall 41 ist wie folgt zu rechnen:

Steuer bei der letztvorhergehenden Wertgrenze (75.000 € × 7 %)		5.250 €
+	50 % des diese Grenze übersteigenden Betrags (0,5 × 100 €)	50 €
=	tarifliche Erbschaftsteuer	5.300 €

Hinweis: *Der Härteausgleich ist fester Bestandteil der Tarifvorschrift. Er sollte in Klausuren daher immer geprüft werden, um keine Punkte zu verschenken. Zunächst ist also die Steuer ohne Härteausgleich zu ermitteln, dann ist der Härteausgleichrechnung durchzuführen. Der niedrigere der* *ermittelten Beträge ist die tarifliche Erbschaftsteuer. Eine Übersicht der Härteausgleichszonen finden Sie in HE 19 ErbStH.*

Leitsatz 28

Härteausgleich

Der Härteausgleich ist **Bestandteil der Tarifvorschrift** und daher immer zu prüfen. Zur Anwendung kommt der Härteausgleich, wenn die **Steuer ohne Härteausgleich** über der **Steuer der Härteausgleichsrechnung** liegt.

Lektion 11: Ermittlung der festzusetzenden Erbschaftsteuer (5. Schritt)

Zur Ermittlung der (endgültigen) festzusetzenden Steuerbelastung sind noch einige Besonderheiten zu beachten. So kann die tarifliche Erbschaftsteuer durch verschiedene Anrechnungs- bzw. Entlastungsbeträge gemindert werden.

Übersicht 27: Ermittlung der festzusetzenden Erbschaftsteuer

	tarifliche Erbschaftsteuer
./.	abzugsfähige Steuer nach § 14 Abs. 1 ErbStG
./.	Entlastungsbetrag nach § 19 a ErbStG
./.	Ermäßigung nach § 27 ErbStG
./.	anrechenbare Steuer nach § 6 Abs. 3 ErbStG
./.	anrechenbare Steuer nach § 21 ErbStG
=	**festzusetzende Erbschaftsteuer**

Abzugsfähige Steuer nach § 14 Abs. 1 ErbStG

In Lektion 9 haben wir uns mit dem Fall auseinandergesetzt, dass ein Erwerber innerhalb von zehn Jahren mehrere Vermögenserwerbe von derselben Person erlangt und festgestellt, dass im Rahmen der Besteuerung des letzten Erwerbs die früheren Erwerbe hinzugerechnet werden.

Damit es nicht zu einer doppelten Besteuerung eines Erwerbs kommt, ist entweder die fiktive Abzugssteuer oder die höhere tatsächlich entrichtete Steuer der Vergangenheit von der tariflichen Erbschaftsteuer auf den Gesamterwerb abzuziehen.

Wir haben uns mit dieser Besonderheit der Erbschaftsteuerermittlung in Lektion 9 unter der Überschrift „Hinzurechnende Vorerwerbe" ausführlich auseinandergesetzt. Sollten Sie hinsichtlich des Zusammenhangs

▶ Hinzurechnung der Vorerwerbe nach § 14 ErbStG im Rahmen der Ermittlung des steuerpflichtigen Erwerbs und

▶ Abzug der fiktiven Abzugssteuer oder der höheren tatsächlich entrichteten Steuer im Rahmen der Ermittlung der festzusetzenden Steuer,

Verständnisschwierigkeiten haben, schauen Sie noch einmal in das Schema der Systematik der Erbschaftsteuerberechnung in Lektion 6.

Dort sehen Sie, dass die Vorerwerbe nicht zur Bereicherung des Erwerbers gehören, aber dennoch den steuerpflichtigen Erwerb und damit auch die tarifliche Erbschaftsteuer erhöhen. Konsequenterweise ist dann die fiktive Steuer oder die höhere tatsächlich entrichtete Steuer der Vergangenheit zur Vermeidung einer Doppelbesteuerung bei der Ermittlung der festzusetzenden Erbschaftsteuer abzuziehen.

Ihnen sollte nun klar sein, dass die abzugsfähige Steuer nach § 14 Abs. 1 ErbStG lediglich ein rechentechnischer Reflex der in Lektion 9 besprochenen Problematik früherer Erwerbe von derselben Person ist. Sehen Sie sich die entsprechenden Ausführungen nochmals an. Gerade bei komplizierten steuerlichen Sachverhalten wird in einem zweiten Anlauf vieles klarer. Zudem wissen Sie nun, dass frühere Erwerbe derselben Person in der Systematik der Erbschaftsteuerberechnung zwar ein geschlossenes Thema sind, aber an zwei unterschiedlichen Stellen ihre rechentechnische Berücksichtigung finden.

Entlastungsbetrag für Erwerber der Steuerklassen II und III (Entlastungsbetrag nach § 19a ErbStG)

Zur Sicherstellung der Fortführung von Unternehmen auch durch familienfremde Dritte, hat der Gesetzgeber einen Entlastungsbetrag für Erwerber der Steuerklassen II und III vorgesehen (§ 19a ErbStG).

Die mit diesem Entlastungsbetrag begünstigten Vermögen stimmen mit denen der sachlichen Steuerbefreiungen für Unternehmensvermögen nach § 13b ErbStG überein (§ 19a Abs. 2 ErbStG). Dies sind

- land- und forstwirtschaftliches Vermögen,
- Betriebsvermögen und
- Anteile an Kapitalgesellschaften mit einer Mindestbeteiligung von 25 % am Nennkapital.

Die Regelungen des § 19a Abs. 3 und 4 ErbStG zielen darauf ab, dass der Erwerb des begünstigten Vermögens dem Tarif der Steuerklasse I unterliegt. In Anlehnung an unsere Überlegungen zu den Steuervorteilen einer Adoption kann hier bildlich von einer fiktiven Adoption des familienfremden Unternehmernachfolgers gesprochen werden.

Das Bild der fiktiven Adoption ist auch insofern zutreffend als (anders als bei den sachlichen Steuerbefreiungen des § 13b ErbStG) nur natürliche Personen als Erwerber begünstigt sind. Der Entlastungsbetrag kann also nicht von einer Kapitalgesellschaft (z.B. AG oder GmbH) in Anspruch genommen werden.

Leitsatz 29

Entlastungsbetrag für Erwerber der Steuerklassen II und III

Der Entlastungsbetrag nach § 19a ErbStG sieht vor, dass übergehendes **Unternehmensvermögen** unabhängig vom Verwandtschaftsverhältnis zwischen Erwerber und Erblasser/Schenker dem Steuersatz der **Steuerklasse I** unterliegen soll.

Rechnerisch ist die auf den begünstigten Erwerb entfallende Steuer nach der zutreffenden Steuerklasse und nach der Steuerklasse I zu bestimmen. Der sich ergebende Unterschiedsbetrag ist als „Entlastungsbetrag nach § 19a ErbStG" von der tariflichen Steuer zu subtrahieren (vgl. Berechnungsbeispiel in H E 19a.2 ErbStH).

Mehrfacher Erwerb desselben Vermögens (Ermäßigung nach § 27 ErbStG)

Fall 42

Sohn S erbt im Februar von seinem Vater V ein großes Vermögen. S hatte sich eigentlich vorgenommen, dieses Vermögen zu verprassen. Dazu kam es jedoch nicht. S stirbt nur drei Monate später und hinterlässt das gesamte ererbte Vermögen seines Vaters seiner Tochter T. Die T ist der Auffassung, dass das Familienvermögen durch die beiden Besteuerungstatbestände innerhalb von nur einem Jahr unangemessen gemindert wird. Sie habe innerhalb kurzer Zeit Großvater und Vater verloren und der Staat „schröpfe das Familienvermögen in schamloser Weise". T sucht den Steuerberater Dr. S auf, und bittet um Aufklärung, ob hier nicht das Bundesverfassungsgericht anzurufen sei?

Worauf wird Dr. S die T hinweisen?

Für den Fall des mehrfachen Erwerbs von Todes wegen desselben Vermögens innerhalb von zehn Jahren durch Personen der Steuerklasse I, sieht § 27 ErbStG eine Tarifermäßigung vor. Je nach zeitlicher Nähe zwischen den beiden Zeitpunkten der Steuerentstehung beträgt diese Tarifermäßigung zwischen 10% bis 50% der ohne die Tarifentlastung geschuldeten Steuern (vgl. Übersicht 28).

Übersicht 28: Tarifermäßigung nach § 27 ErbStG

Ermäßigung um ... %	wenn zwischen den beiden Zeitpunkten der Entstehung der Steuer liegen
50	nicht mehr als 1 Jahr
45	mehr als 1 Jahr, aber nicht mehr als 2 Jahre
40	mehr als 2 Jahre, aber nicht mehr als 3 Jahre
35	mehr als 3 Jahre, aber nicht mehr als 4 Jahre
30	mehr als 4 Jahre, aber nicht mehr als 5 Jahre
25	mehr als 5 Jahre, aber nicht mehr als 6 Jahre
20	mehr als 6 Jahre, aber nicht mehr als 8 Jahre
10	mehr als 8 Jahre, aber nicht mehr als 10 Jahre

Dr. S wird in Fall 42 die T darauf hinweisen, dass der von ihr zu entrichtende Steuerbetrag nach § 27 Abs. 1 ErbStG um 50 % vermindert wird, da die zeitliche Entfernung zwischen den beiden Zeitpunkten der Steuerentstehung (gem. § 9 Abs. 1 Nr. 1 ErbStG jeweils der Todeszeitpunkt des Erblassers) nicht mehr als ein Jahr beträgt.

>
> ### Leitsatz 30
> **Tarifermäßigung bei mehrfachem Erwerb**
>
> Wenn das **gleiche Vermögen** innerhalb von **zehn Jahren** mehrmals auf Steuerpflichtige der Steuerklasse I **von Todes wegen** übergeht, ist dieser Erwerb nach § 27 ErbStG begünstigt.

Anrechenbare Steuer nach § 6 Abs. 3 ErbStG

Eine anrechenbare Steuer, die die tarifliche Erbschaftsteuer mindert, kann sich in bestimmten Fällen der Vor- und Nacherbschaft ergeben.

Zivilrechtlich kann der Erblasser einen Erben so einsetzen, dass dieser erst Erbe wird (Nacherbe), nachdem zunächst ein anderer Erbe (Vorerbe) geworden ist (§§ 2100 ff. BGB).

Motiv für diese Konstruktion ist i.d.R., dass der Erblasser sein Vermögen zwar dem Vorerben, aber nicht dessen Erben zukommen lassen will. Dazu wird dem Vorerben zwar die Erbenstellung, jedoch dem Nacherben beim Nacherbfall die gleichen Rechte am ungeschmälerten Bestand des Nachlasses gesichert. Hierzu muss der Vorerbe sein Eigenvermögen so abtrennen, dass bis zum Nacherbfall der Bestand bzw. der Wert der Erbschaft erhalten bleibt. Der Vorerbe hat sich aller Verfügungen zu enthalten, die das Recht des Nacherben beeinträchtigen. Der Vorerbe ist also lediglich Erbe auf Zeit und zivilrechtlich sind Vorerbe und Nacherbe Erben desselben Erblassers.

Fall 43
Erblasser E verfügt in seinem Testament, dass seine Freundin F Vorerbin und seine Tochter T Nacherbin sein soll.

Welcher Freibetrag und welche Steuerklasse sind für den Nacherbfall F an T einschlägig?

Anders als im Zivilrecht wertet § 6 Abs. 2 Satz 1 ErbStG den Nacherbfall als Erwerb vom Vorerben und nicht vom ursprünglichen Erblasser.

Erbschaftsteuerlich führen also sowohl die Vorerbschaft als auch die zeitlich darauf folgende Nacherbschaft zu jeweils einem Besteuerungsfall. Dies hätte für die T in Fall 43 zur Folge, dass sie beim Erwerb von der F mit einem Freibetrag von lediglich 20.000 € und den hohen Steuersätzen der Steuerklasse III vorlieb nehmen müsste.

Allerdings gewährt § 6 Abs. 2 Satz 2 ErbStG dem Nacherben ein **Wahlrecht**, der Besteuerung die persönlichen Verhältnisse zum ursprünglichen Erblasser zugrunde zu legen (vgl. Übersicht 29).

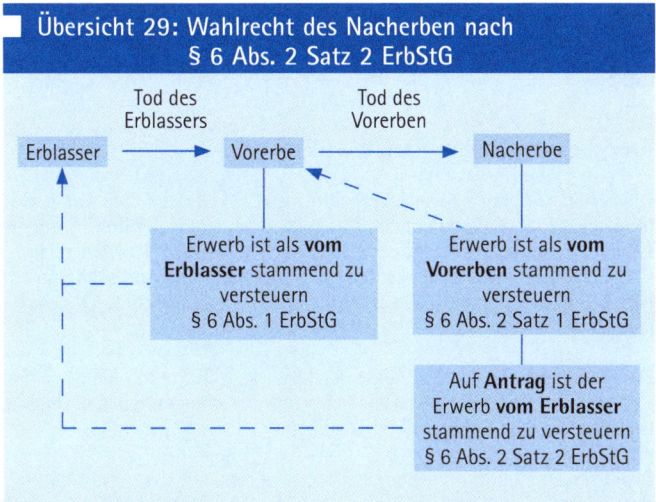

Die T kann in Fall 43, nachdem die F verstorben ist, den Antrag stellen, dass für die Nacherbschaft nicht die persönlichen Verhältnisse zu der F zugrunde gelegt werden, sondern die erbschaftsteuerlich günstigeren Verhältnisse zu ihrem verstorbenen Vater V. F kommt damit in den Genuss des Freibetrages von 400.000 € sowie der günstigen Steuerklasse I bei der Ermittlung des Erbschaftsteuersatzes. Sollte T nicht älter als 27 Jahre als sein, hat sie zudem Anspruch auf den Versorgungsfreibetrag nach § 17 ErbStG.

Das Wahlrecht gilt allerdings nur, wenn die Nacherbfolge durch den Tod des Vorerben eintritt (§ 6 Abs. 3 ErbStG).

> ## Leitsatz 31
>
> **Vor- und Nacherbschaft**
>
> Der Nacherbe hat bei **Erwerben von Todes** wegen ein **Wahlrecht**, der Besteuerung entweder die persönlichen Verhältnisse zum Vorerben oder aber (auf Antrag) die persönlichen Verhältnisse zum ursprünglichen Erblasser zugrunde zu legen (§ 6 Abs. 2 ErbStG). Das Wahlrecht verspricht einen Vorteil, wenn der Nacherbe zum Erblasser in einem **näheren verwandtschaftlichen Verhältnis** steht als zum Vorerben.

Anrechenbare Steuer nach § 21 ErbStG

Die bereits in Lektion 5 angesprochene Möglichkeit der Anrechnung ausländischer Erbschaftsteuer gem. § 21 ErbStG findet bei der Ermittlung der festzusetzenden Erbschaftsteuer ihren rechentechnischen Niederschlag. § 21 ErbStG ermöglicht bei Fehlen eines Doppelbesteuerungsabkommens (DBA) die Möglichkeit der Anrechnung der ausländischen Erbschaftsteuer.

Zur Wiederholung: Aufgrund der unbeschränkten Steuerpflicht werden Erwerbe von Inländern unabhängig von der Belegenheit der Objekte (insbesondere Immobilien) besteuert.

Damit kann es vorkommen, dass der Erwerber mit dem ererbten oder geschenkten Auslandsvermögen sowohl im Inland als auch im Ausland zur Erbschaftsteuer herangezogen wird.

Soweit in diesen Fällen eine Doppelbesteuerung nicht durch ein DBA verhindert wird, kann i.d.R. die ausländische Erbschaftsteuer auf die inländische Erbschaftsteuer angerechnet werden.

Kleinbetragsregelung

Von der Festsetzung der Erbschaftsteuer ist gem. § 22 ErbStG abzusehen, wenn die Steuer, die für den einzelnen Steuerfall festzusetzen ist, den Betrag von 50 € nicht übersteigt. Mit „Steuerfall" ist nicht der Erbfall und damit bei mehreren Erwerbern nicht die Gesamtzahl der Erwerbe anzusehen, sondern der einzelne Vermögensanfall. Demzufolge ist für den einzelnen Vermögensanfall eine Steuer nur festzusetzen, wenn diese die Kleinbetragsgrenze übersteigt.

Lektion 12: Festsetzung und Erhebung der Erbschaftsteuer

Die verfahrensrechtlichen Fragen zur Veranlagung und Erhebung einzelner Steuern sind in der Abgabenordnung (AO) geregelt (vgl. dazu „Abgabenordnung – *leicht gemacht*®"). Dies gilt auch für die Erbschaftsteuer. Über diese Vorschriften hinaus enthält das Erbschaftsteuergesetz ergänzende verfahrensrechtliche Bestimmungen, die mit Rücksicht auf die Besonderheiten der Erbschaftsteuer getroffen wurden. Auf diese ergänzenden Bestimmungen sowie die Entstehung der Steuer soll nun kurz eingegangen werden.

Zeitpunkt der Entstehung der Steuer

Unter der Überschrift „Entstehung der Steuer" trifft § 9 ErbStG lediglich eine Aussage darüber, zu welchem Zeitpunkt der einzelne Tatbestand (Erwerbe von Todes wegen etc.) erfüllt ist. Ist ein solcher Tatbestand verwirklicht, kommt es zur Entstehung von Erbschaftsteuer. Allerdings steht die Höhe der Erbschaftsteuerschuld im Entstehungszeitpunkt i.d.R. betragsmäßig noch gar nicht fest. Die Entstehung der Erbschaftsteuer ist abzugrenzen von der Fälligkeit der Erbschaftsteuer, die sich aus der im Erbschaftsteuerbescheid angegebenen Zahlungsfrist ergibt.

Der Zeitpunkt der Entstehung der Steuerschuld ist insbesondere von Bedeutung für

▶ die Beurteilung der persönlichen Steuerpflicht (§ 2 ErbStG),

▶ die Bewertung des Vermögensanfalls (§ 11 ErbStG),

▶ die Frage, ob seit dem letzten Vermögensanfall mehr als zehn Jahre vergangen sind (§ 14 ErbStG),

▶ die Frage, welche Gesetzesfassung bei Gesetzesänderungen anzuwenden ist.

Bei Erwerben von Todes wegen entsteht die Steuerschuld grundsätzlich mit dem Tod des Erblassers (§ 9 Abs. 1 Nr. 1 ErbStG). Ausnahmen sieht das Gesetz für Fälle vor, in denen die **wirtschaftliche Bereicherung** des Erben erst zu einem späteren Zeitpunkt als dem Tod des Erblassers eintritt (§ 9 Abs. 1 Nr. 1 Buchst. a bis j ErbStG). Die Steuerschuld entsteht also nicht mit der bloßen Begründung rechtlicher Ansprüche, sondern erst, wenn eine wirtschaftliche Bereicherung eingetreten ist.

Fall 44
Vater V verspricht seinem Sohn S sein Vermögen im Wege der vorweggenommenen Erbfolge zukommen zu lassen.

Ist mit dem Schenkungsversprechen des V eine Erbschaftsteuerschuld entstanden?

Bei Schenkungen unter Lebenden entsteht die Steuerschuld mit dem Zeitpunkt der Ausführung der Zuwendung (§ 9 Abs. 1 Nr. 2 ErbStG). Im Allgemeinen gilt die Zuwendung als ausgeführt, wenn der Vermögensgegenstand dem Erwerber übergeben worden ist, so dass er ihn nutzen kann. Mithin ist wiederum der Zeitpunkt der wirtschaftlichen Bereicherung maßgebend.

In Fall 44 lässt das Schenkungsversprechen des V noch keine Erbschaftsteuer entstehen. § 9 Abs. 1 Nr. 2 ErbStG stellt hinsichtlich der Entstehung der Steuer auf die Ausführung der Zuwendung ab. Mit dem Schenkungsversprechen ist die Schenkung jedoch noch nicht ausgeführt.

Leitsatz 32
Entstehung der Steuer

Die Erbschaftsteuer entsteht mit dem Eintritt der **wirtschaftlichen Bereicherung** des Erwerbers. Eine wirtschaftliche Bereicherung tritt regelmäßig mit dem **tatsächlichen Übergang des Vermögens** ein. Der tatsächliche Übergang des Vermögens erfolgt bei Erwerben von Todes wegen mit dem Tod des Erblassers und bei Schenkungen unter Lebenden im Zeitpunkt der Ausführung der Zuwendung.

Fall 45
Schlagersänger S überträgt seiner Muse M am 19.2. unentgeltlich eine Eigentumswohnung in Düsseldorf. Auflassung und Eintragsbewilligung

erfolgen am 6.3. Die Eintragung in das Grundbuch der Stadt Düsseldorf erfolgt am 4.5.

Wann entsteht die Erbschaftsteuer?

Eine Grundstücksschenkung gilt nach ständiger Rechtsprechung des BFH und nach Auffassung der Finanzverwaltung dann als ausgeführt, wenn die Vertragsparteien die für die Eintragung der Rechtsänderung in das Grundbuch erforderlichen Erklärungen in gehöriger Form abgegeben haben und der Beschenkte aufgrund dieser Erklärungen in der Lage ist, beim Grundbuchamt die Eintragung der Rechtsänderung zu bewirken. Dies ist der Fall, wenn die Auflassung (§ 925 BGB) sowie die Eintragungsbewilligung (§ 19 Grundbuchordnung, GBO) vorliegen (R E 9.1 Abs. 1 ErbStR).

In Fall 45 erfolgen Auflassung und Eintragungsbewilligung am 6.3. Demnach entsteht die Steuer an diesem Tage.

Fall 46

S schenkt seiner M am 24.2. einen Geldbetrag i.H.v. 500.000 €, damit sie das Grundstück „Forstwaldstrasse 111" in Krefeld erwerben und darauf ein Einfamilienhaus errichten kann. Das Einfamilienhaus ist am 4.8. bezugsfertig.

Wie wir aus Lektion 4 bereits wissen, spricht man von einer mittelbaren Grundstücksschenkung, wenn der Zuwendende dem Erwerber mit der Bestimmung Geld überlässt, davon ein genau bezeichnetes Grundstück zu kaufen oder ein Gebäude zu errichten. Steuerlich wird diese Zuwendung wie die Schenkung eines Grundstücks behandelt, d.h. bei der Ermittlung des Vermögensanfalls kommen die Regelungen zur Bewertung von Grundstücken zur Anwendung (vgl. hierzu Lektion 14).

Nach unseren bisherigen Erkenntnissen handelt es sich bei der Schenkung in Fall 46 um eine mittelbare Grundstücksschenkung. Bei der Hingabe des Geldbetrages zur Errichtung eines Gebäudes ist die mittelbare Grundstücksschenkung im Zeitpunkt der Bezugsfertigkeit des Gebäudes (4.8.) ausgeführt. Dieser Zeitpunkt ist dann auch der Stichtag für die Bewertung des Gebäudes (R E 9.1 Abs. 2 ErbStR).

Sollte der Geldbetrag von 500.000 € den Anschaffungs- und Herstellungsaufwand übersteigen, ist der übersteigende Betrag eine zusätzliche Geldschenkung.

Steuerschuldner (§ 20 ErbStG)

Steuerschuldner ist derjenige, der zur Zahlung der Erbschaftsteuer verpflichtet ist.

Dies ist bei allen Erwerben von Todes wegen grundsätzlich der Erwerber (§ 20 Abs. 1 Satz 1 ErbStG). Erwerber können im Einzelfall der Alleinerbe, die Miterben einer Erbengemeinschaft, der Vermächtnisnehmer, der durch eine Auflage begünstigte oder der Vorerbe bei einem Vorerbfall sein. Eine Erbengemeinschaft (§ 2032 BGB) als solche wird hingegen nicht Steuerschuldner.

Bei Schenkungen unter Lebenden ist neben dem Erwerber auch der Schenker Steuerschuldner (§ 20 Abs. 1 Satz 1 ErbStG). Beide sind Gesamtschuldner, d.h. jeder von ihnen schuldet die gesamte Leistung (§ 44 Abs. 1 Satz 2 AO). Es steht also grundsätzlich im Ermessen der Finanzverwaltung, ob sie die Steuer vom Erwerber oder Schenker fordert. Allerdings erscheint es aufgrund der Rechtsnatur der Erbschaftsteuer als Bereicherungssteuer geboten, zunächst den Beschenkten zur Zahlung heranzuziehen.

Fall 47

Onkel O schenkt seinem Neffen N ein Grundstück (Steuerwert 1 Mio. €, ohne Anspruch auf Verschonungsabschlag). In der Übertragungsurkunde verpflichtet sich O, auch die anfallende Erbschaftsteuer zu zahlen.

Wie hoch ist die festzusetzende Erbschaftsteuer?

Wer ist Steuerschuldner?

Hat ein Erblasser die Entrichtung der vom Erwerber geschuldeten Steuer einem anderen auferlegt oder hat der Schenker die Entrichtung der vom Beschenkten geschuldeten Steuer selbst übernommen oder einem anderen auferlegt, so gilt als Erwerb der Betrag, der sich bei einer Zusammenrechnung des Erwerbs mit der aus ihm errechneten Steuer ergibt

(§ 10 Abs. 2 ErbStG). Der Gesetzgeber hat also klar gestellt, wie diese zusätzliche Bereicherung zu erfassen ist.

In Fall 47 führt also die Übernahme der Steuer durch O zu einer Erhöhung der Bemessungsgrundlage um die übernommene Steuer. Allerdings wird die **übernommene Steuer auf den erhöhten Erwerb** selbst **nicht mehr besteuert**! Eine Vereinfachung zu Gunsten des Steuerpflichtigen.

Die festzusetzende Erbschaftsteuer errechnet sich wie folgt:

Bereicherung		1.000.000 €
./.	persönlicher Freibetrag (§ 16 Abs. 1 Nr. 5 ErbStG)	20.000 €
=	**steuerpflichtiger Erwerb**	**980.000 €**
×	Steuersatz 30 % (§ 19 Abs. 1 ErbStG)	
=	Erbschaftsteuer (Zwischenergebnis)	294.000 €

Damit beträgt die zusätzliche Bereicherung nach § 10 Abs. 2 ErbStG 294.000 €, so dass sich die endgültige Bereicherung auf 1.294.000 € beläuft.

Bereicherung		1.294.000 €
./.	persönlicher Freibetrag (§ 16 Abs. 1 ErbStG)	20.000 €
=	**steuerpflichtiger Erwerb**	**1.274.000 €**
×	Steuersatz 30 % (§ 19 Abs. 1 ErbStG)	
=	**festzusetzende Erbschaftsteuer**	**382.200 €**

Im Ergebnis erhält N von O (neben dem Grundstück) eine Zuwendung von 382.200 €, mit der er die Erbschaftsteuerschuld begleichen kann. Die Differenz zwischen den rechnerisch zur Ermittlung der festzusetzenden Erbschaftsteuer verwendeten 294.000 € und der tatsächlichen Zuwendung i.H.v. 382.200 € beträgt 88.200 €. Dieser Teil der Zuwendung wird nicht besteuert. Steuerersparnis: 30 % von 88.200 € = 26.460 €!

Damit lässt sich insbesondere bei Schenkungen unter Lebenden mit der Übernahme der Erbschaftsteuer durch den Schenkenden eine Steuerersparnis erzielen.

Beachte: Wenn der Bereicherte die vom Zuwendenden übernommene Erbschaftsteuer erstattet, könnte durch die dann vorliegende gemischte Schenkung auch in den Fällen eine Ersparnis erzielt werden, wenn der Zuwendende nicht bereit oder in der Lage ist, die Erbschaftsteuer zusätzlich zu schenken.

Da § 10 Abs. 2 ErbStG lediglich die Beziehung zwischen den Beteiligten betrifft, kann sich das Finanzamt auch bei Übernahme der Steuer durch den Schenker über § 20 Abs. 1 ErbStG sowohl an den Schenker als auch an den Erwerber halten.

In Fall 47 bleiben also sowohl O als auch N Steuerschuldner.

Leitsatz 33

Steuerschuldner

Bei Erwerben von Todes wegen ist der **Erwerber** Steuerschuldner. Bei Schenkungen unter Lebenden sind **Erwerber und Schenker** Steuerschuldner (Fall der Gesamtschuldnerschaft § 44 AO). Dies gilt auch bei Übernahme der Steuer durch den Schenker. Im Regelfall wird sich das Finanzamt an den Erwerber halten.

Anzeigepflicht und Steuererklärungspflicht

 Fall 48

Geflügelbauer G überschreibt aufgrund des zuvor notariell beurkundeten Schenkungsvertrages seinen Geflügelhof auf seinen Neffen N.

Welche Pflichten erwachsen aus diesem Vorgang für die Beteiligten?

Für die Erbschaftsteuer gibt es keine allgemeine Pflicht, eine Erbschaftsteuererklärung beim zuständigen Finanzamt einzureichen. Eine solche Pflicht entsteht erst durch die Aufforderung des Finanzamtes eine Erbschaftsteuererklärung abzugeben (§ 31 Abs. 1 ErbStG).

Jedoch ist jeder Erwerb, der der Erbschaftsteuer unterliegt, vom Erwerber innerhalb von drei Monaten nach Kenntnis von dem Anfall dem Finanzamt anzuzeigen (§ 30 Abs. 1 ErbStG). Bei Schenkungen unter Lebenden ist auch der Schenker anzeigepflichtig (§ 30 Abs. 2 ErbStG). Welche Angaben die Anzeige im Einzelnen enthalten soll regelt § 30 Abs. 4 ErbStG.

Nach Rechtsprechung des BFH entfällt die Anzeigepflicht, wenn eindeutig und klar feststeht, dass keine Steuerpflicht entstanden ist. Befindet sich der Anzeigepflichtige im Zweifel hinsichtlich der Steuerpflicht, ist der Erwerb dem Finanzamt anzuzeigen.

Eine Anzeige ist nicht erforderlich, wenn der Erwerb auf einer von einem deutschen Gericht, einem deutschen Notar oder einem deutschen Konsul eröffneten Verfügung von Todes wegen oder einer gerichtlich oder notariell beurkundeten Schenkung beruht und sich das Verhältnis des Erwerbers zum Erblasser bzw. Schenker zweifelsfrei ergibt (§ 30 Abs. 3 ErbStG). In diesen Fällen erhalten die Finanzämter schon durch die Anzeige der Gerichte oder Notare (§ 34 ErbStG) Kenntnis von den Vorgängen, die für die Erbschaftsteuer von Bedeutung sind.

Aufgrund der notariellen Beurkundung des Schenkungsvertrages in Fall 48 trifft den Notar die Anzeigepflicht gegenüber dem Finanzamt. G und N müssen nichts unternehmen.

Das Finanzamt kann von jedem an einem Erbfall oder einer Schenkung Beteiligten eine Erbschaftsteuererklärung verlangen. Das Verlangen kann auch an solche Beteiligte gerichtet werden, die nicht steuerpflichtig sind. Zur Abgabe der Steuererklärung muss mindestens eine Frist von einem Monat eingeräumt werden (§ 31 Abs. 1 ErbStG).

Somit wird N in Fall 48 Post vom Finanzamt bekommen, in der er aufgefordert wird eine Erbschaftsteuererklärung abzugeben. Die hiernach festgesetzte Steuer ist nach herrschender Praxis innerhalb eines Monats nach Zustellung des Erbschaftsteuerbescheides zu entrichten.

Leitsatz 34

Anzeigepflicht (§ 30 ErbStG)

Grundsätzlich haben Erwerber und Schenker innerhalb von **drei Monaten** den Erwerb beim Finanzamt anzuzeigen. Diese Pflicht entfällt, wenn **klar und eindeutig** feststeht, dass keine Steuerpflicht entstanden ist.

Stundung

Die Finanzbehörden können Ansprüche aus dem Steuerschuldverhältnis ganz oder teilweise Stunden, wenn die Einziehung bei Fälligkeit eine erhebliche Härte für den Steuerschuldner bedeuten würde und der Anspruch durch die Stundung nicht gefährdet erscheint (§ 222 AO).

Neben dieser allgemeinen Regelung, die für alle Steuerarten gilt, enthält § 28 ErbStG eine spezielle Stundungsvorschrift für die Erbschaftsteuer. Begünstigt hiervon sind Betriebsvermögen, land- und forstwirtschaftliches Vermögen sowie bestimmte Grundstücke. Bei Erwerben von Todes wegen erfolgt die Stundung zinslos.

Die auf Betriebsvermögen oder land- und forstwirtschaftliches Vermögen entfallende Erbschaftsteuer ist auf Antrag bis zu zehn Jahre zu Stunden, soweit dies zur Erhaltung des Betriebes notwendig ist (§ 28 Abs. 1 ErbStG). Aufgrund der in Lektion 7 angesprochenen umfangreichen Verschonungsregelungen für Unternehmensvermögen wird sich diese Notwendigkeit wohl nur in Ausnahmefällen nachweisen lassen.

Solche Ausnahmefälle werden insbesondere Betriebe sein, deren Zweck vornehmlich in der Vermögensverwaltung liegt. Diese Betriebe können weder den Verschonungsabschlag, noch den Abzugsbetrag in Anspruch nehmen, da ihr Vermögen zu mehr als 50 % aus Verwaltungsvermögen besteht.

IV. Bewertung des Vermögens

Lektion 13: Bewertungsmaßstäbe des Bewertungsgesetzes

In den vorangegangenen Lektionen haben wir immer wieder feststellen können, dass der Ausgangspunkt der Erbschaftsteuerermittlung der Vermögensanfall nach „Steuerwerten" ist. Wie diese Steuerwerte zu ermitteln sind, regelt § 12 ErbStG, der auf die Regelungen des Bewertungsgesetzes (BewG) verweist.

Das BewG enthält das Rüstzeug für die Bewertung der Nachlassgegenstände und entlastet so das ErbStG von Einzelreglungen zur Bewertung. Bewerten heißt, den Wert eines Vermögensgegenstandes in einem Geldbetrag auszudrücken. Bargeld ist daher nicht zu bewerten, da es bereits einen Geldbetrag darstellt.

Die Ermittlung dieses Geldbetrages ist bei vielen Vermögensgegenständen sehr einfach, bei anderen ein sehr komplexes Unterfangen.

Die Bewertung eines Sparbuches ist beispielsweise recht einfach. Der Wert ergibt sich aus dem Sparguthaben, das direkt im Sparbuch abgelesen werden kann, zuzüglich den bis zum Bewertungszeitpunkt aufgelaufenen Sparzinsen, deren Höhe man bei der Bank in Erfahrung bringen kann. Ähnliches gilt für börsennotierte Aktien. Der Wert der Aktien kann zum Bewertungszeitpunkt auf dem Kurszettel der Börsen nachgelesen werden. Schwieriger gestaltet sich die Bewertung bei Vermögensgegenständen, die seltener im Geschäftsverkehr umgesetzt werden wie beispielsweise Immobilien oder ganze Geschäftsbetriebe.

Bewertungsstichtag ist bei Erwerben von Todes wegen der Todeszeitpunkt und bei Schenkungen der Zeitpunkt der Ausführung der Schenkung (§§ 11, 9 Abs. 1 ErbStG).

Hausrat und andere bewegliche körperliche Gegenstände

■ Fall 49

Erblasser E hinterlässt dem Alleinerben A neben seinem Hausrat einen PKW und eine wertvolle Briefmarkensammlung.

Wie sind die Werte für steuerliche Zwecke (Steuerwerte) zu ermitteln?

Als grundsätzlichen Bewertungsmaßstab sieht das Erbschaftsteuerrecht den sog. gemeinen Wert vor (§ 12 Abs. 1 ErbStG i.V.m. § 9 BewG). Soweit in § 12 Abs. 2 bis 7 ErbStG nichts anderes bestimmt ist, gilt der gemeine Wert als Steuerwert.

Der gemeine Wert entspricht dem Preis (einschließlich der Umsatzsteuer), der im gewöhnlichen Geschäftsverkehr bei Veräußerung erzielt werden kann (§ 9 Abs. 2 BewG). Der gemeine Wert ist also identisch mit dem Verkehrswert oder dem Marktpreis eines Gutes.

In Fall 49 sind Hausrat, PKW und Briefmarkensammlung mit dem gemeinen Wert anzusetzen. Eine Bewertung des Hausrats wird sich wegen des Freibetrages nach § 13 Abs. 1 Nr. 1 ErbStG häufig erübrigen. Der Verkehrswert des PKWs kann z.B. aus der sog. Schwacke-Liste abgelesen werden. Der Wert einer wertvollen Briefmarkensammlung ist i.d.R. von einem Sachverständigen zu schätzen. Die Finanzämter stellen im Allgemeinen jedoch keine übersteigerten Anforderungen an den Nachweis solcher Verkehrswerte.

■ Fall 50

Pokerkönig P hat eine Pechsträhne und muss seinen Porsche Targa verkaufen. Auf dem Gebrauchtwagenmarkt würde er normalerweise 90.000 € erhalten. Da P das Geld ganz dringend zur Deckung seiner Verluste benötigt, verkauft er den Porsche für 80.000 €.

Wie hoch ist der gemeine Wert des Porsches?

Der gemeine Wert entspricht dem Veräußerungspreis im gewöhnlichen Geschäftsverkehr. Ein Verkauf in einer (persönlichen) Zwangslage spiegelt nicht die Verhältnisse des gewöhnlichen Geschäftsverkehrs wider. In Fall 50 entspricht der gemeine Wert dem Veräußerungspreis den P am Gebrauchtwagenmarkt unter normalen Umständen hätte erzielen können, also 90.000 €.

Leitsatz 35

Gemeiner Wert

Bewertungsmaßstab im Erbschaftsteuerrecht ist grundsätzlich der gemeine Wert. Dieser entspricht dem **Veräußerungspreis im gewöhnlichen Geschäftsverkehr** (Verkehrswert).

Wertpapiere und Anteile

 Fall 51

A erbt das beträchtliche Aktienvermögen des am 11.11. verstorbenen B (Börsenwert des Aktiendepots am 11.11. 500.000 €). A gibt seine Erbschaftsteuererklärung am 1.12. beim Finanzamt Düsseldorf Nord ab (Börsenwert am 1.12. 450.000 €). Am 15.12. verkauft er das gesamte Aktiendepot an der Börse für 400.000 €.

Mit welchem Wert ist das Aktienvermögen in der Erbschaftsteuererklärung als Vermögensanfall des B anzusetzen?

Wertpapiere (z.B. Schuldverschreibungen oder Pfandbriefe) und Anteile an Kapitalgesellschaften, die an der Börse gehandelt werden, sind mit dem Kurswert am Bewertungsstichtag zur Erbschaftsteuer heranzuziehen (§ 11 Abs. 1 BewG).

In Fall 51 ist für den Ansatz in der Erbschaftsteuererklärung der Kurswert am 11.11. i.H.v. 500.000 € maßgebend. Es wird also grundsätzlich keine Rücksicht darauf genommen, wie sich die Börsenkurse nach dem Tode des Erblassers entwickeln.

Leitsatz 36

Bewertung börsennotierter Wertpapiere und Anteile

Die Bewertung börsennotierter Wertpapiere und Anteile an Kapitalgesellschaften erfolgt mit dem **Kurswert am Bewertungsstichtag**.

Fall 52

A hält 30% der Anteile an der ABCD-GmbH deren Stammkapital 1 Mio. € beträgt. Am 24.1. verkauft er 5% seiner Anteile an den E für 100.000 €. Am 2.5. verkauft er weitere 5% an den E für 120.000 €. Am 25.8. schenkt er 5% der Anteile seiner Lebensgefährtin L.

Mit welchem Wert hat die L den Vermögensanfall in ihrer Erbschaftsteuererklärung anzugeben?

Anteile an Kapitalgesellschaften, die nicht an der Börse gehandelt werden, also insbesondere GmbH-Anteile, sind mit dem gemeinen Wert anzusetzen. Der gemeine Wert ist erster Linie **aus Verkäufen abzuleiten**, die im gewöhnlichen Geschäftsverkehr erzielt worden sind. Dabei sind jedoch nur solche Verkäufe zu Berücksichtigen, die im Besteuerungszeitpunkt **weniger als ein Jahr zurückliegen** (§ 11 Abs. 2 Satz 2 BewG, R B 11.2 Abs. 1 ErbStR).

In Fall 52 sind die GmbH-Anteile der L mit dem gemeinen Wert anzusetzen. Ein Kurswert kommt für GmbH-Anteile nicht in Betracht, da diese nicht an einer Börse gehandelt werden. Der gemeine Wert ist aus den beiden Verkäufen an den E abzuleiten, da beide Verkäufe an den E innerhalb der Jahresfrist erfolgt sind. Aus den Verkäufen errechnet sich ein durchschnittlicher Verkaufspreis für 5% der Anteile von 110.000 € (100.000 € + 120.000 € = 220.000 € : 2). Folglich ist der Wert des Vermögensanfalls der L in der Erbschaftsteuererklärung mit 110.000 € anzugeben.

Leitsatz 37

Bewertung nicht börsennotierter Anteile

Die Bewertung nicht börsennotierter Anteile an Kapitalgesellschaften erfolgt mit dem gemeinen Wert, der aus **Verkäufen** abzuleiten ist, die **weniger als ein Jahr zurückliegen**.

Wenn sich der gemeine Wert nicht aus Verkäufen ableiten lässt, ist er unter Berücksichtigung der Ertragsaussichten der Kapitalgesellschaft oder einer anderen anerkannten, auch im gewöhnlichen Geschäftsverkehr für nichtsteuerliche Zwecke üblichen Methode zu ermitteln (§ 11 Abs. 2 Satz 2 BewG). Dieses Bewertungsverfahren gilt auch für die Bewertung gewerblicher Betriebe und wird daher im Zusammenhang mit der Bewertung gewerblicher Betriebe in Lektion 15 erläutert.

Kapitalforderungen und Schulden

Kapitalforderungen und Schulden sind Forderungen und Verbindlichkeiten, die auf die Zahlung von Geld gerichtet sind. Forderungen in Form von Bankguthaben haben in der Praxis des Erbschaftsteuerrechts eine große Bedeutung, da die Kreditinstitute zur Anzeige der Guthaben von Erblassern verpflichtet sind. Kapitalforderungen und Verbindlichkeiten sind regelmäßig mit dem Nennwert anzusetzen (§ 12 Abs. 1 BewG). Nennwert ist der Geldbetrag auf den die Forderung oder die Verbindlichkeit lautet.

Leitsatz 38

Bewertung von Kapitalforderung und Schulden

Die Bewertung von Kapitalforderungen und Schulden erfolgt mit dem **Nennwert**.

Wiederkehrende Nutzungen und Leistungen

Fall 53

Zur Ermittlung einer Erbfallschuld (vgl. Lektion 8) ist der Wert für ein Nießbrauchsrecht an einem Mehrfamilienhaus festzustellen. Die Laufzeit des Nießbrauchsrechts beträgt 20 Jahre, der jährliche Nettoertrag beträgt 15.000 €, der Steuerwert der Immobilie beläuft sich auf 300.000 €.

Wiederkehrende Nutzungen und Leistungen sind im Wesentlichen Nießbrauch, Wohnrecht, Zeitrente und Leibrente. Bewertungsmaßstab ist grundsätzlich der sog. Kapitalwert. Der Kapitalwert errechnet sich durch Multiplikation der pro Jahr erhaltenen Nutzungen oder Leistungen (sog. Jahreswert) mit einem Vervielfältiger, der sich in Abhängigkeit von der Laufzeit ergibt.

Kapitalwert = Jahreswert × Vervielfältiger (gem. Anlagen zum BewG)

Mit dieser Rechnung werden die jährlichen Nutzungen und Leistungen mit einem Zinssatz von 5,5 % auf den Bewertungsstichtag abgezinst. Diese Diskontierung beinhaltet der Vervielfältiger.

Anhand der Laufzeit der wiederkehrenden Nutzungen und Leistungen werden vier Gruppen unterschieden. Dies sind Nutzungen und Leistungen

- auf bestimmte Zeit (§ 13 Abs. 1 BewG),

- immerwährend (§ 13 Abs. 2, 1. Halbsatz BewG),

- von unbestimmter Dauer (§ 13 Abs. 2, 2. Halbsatz BewG) und

- auf Lebenszeit einer Person (§ 14 BewG).

Die größte Bedeutung in der Praxis haben wiederkehrende Nutzungen und Leistungen auf bestimmte Zeit und auf Lebenszeit. Immerwährende Nutzungen und Leistungen sowie Nutzungen und Leistungen von unbestimmter Dauer spielen dagegen in der Praxis (und in Klausuren) eine untergeordnete Rolle.

Die Erbfallschuld in Fall 53 ist erbschaftsteuerlich eine wiederkehrende Nutzung auf bestimmte Zeit, die mit dem Kapitalwert anzusetzen ist. Der Kapitalwert errechnet sich als Produkt aus Jahreswert und Vervielfältiger, der der Anlage 9a zum BewG entnommen werden kann:

15.000 € × 12,279 = 184.185 €

In Fall 53 ist jedoch eine Besonderheit zu berücksichtigen. § 16 BewG enthält eine Begrenzung des Jahreswerts von Nutzungen. Der anzusetzende Jahreswert (hier: 15.000 €) ist nach dieser sog. Höchstwertvorschrift maximal mit dem Wert anzusetzen, der sich aus dem durch 18,6 geteilten Steuerwert des genutzten Vermögensgegenstandes ergibt:

300.000 € : 18,6 = 16.129 €

Der tatsächliche Jahreswert (15.000 €) überschreitet den Höchstwert (16.129 €) nicht. Daher ist der tatsächliche Jahreswert maßgebend und es bleibt bei dem oben errechneten Kapitalwert von 184.185 €.

Für Grundstücksschenkungen unter Nießbrauchsvorbehalt wird also durch die Höchstgrenze des § 16 BewG der Abzug des kapitalisierten Nießbrauchs begrenzt.

Fall 54

Neffe N verpflichtet sich seiner Tante T eine lebenslängliche monatliche Rente von 1.500 € zukommen zu lassen. T ist 63 Jahre alt.

Wie hoch ist der Kapitalwert der Rente?

Bei lebenslänglichen Nutzungen und Leistungen errechnet sich der Kapitalwert wie bei Nutzungen und Leistungen auf bestimmte Zeit, allerdings ist anstatt der bestimmten Zeit die verbleibende Lebenserwartung des Begünstigten zugrunde zu legen. Die verbleibende Lebenserwartung kann in der vom Statistischen Bundesamt erstellten abgekürzten Sterbetafel, die zu Beginn des Jahres der Steuerentstehung veröffentlicht war, abgelesen werden. Aus den Werten dieser Sterbetafel leitet das BMF **Vervielfältiger** ab und veröffentlicht diese im Bundessteuerblatt (§ 14 Abs. 1 Satz 4 BewG). Die aktuellen Vervielfältiger finden Sie z.B. unter www.urbs.de/zahlen/lohn6.htm

In Fall 54 beträgt die verbleibende durchschnittliche Lebenserwartung der T nach der aktuellen Sterbetafel 21,38 Jahre. Daraus ist vom BMF ein Vervielfältiger i.H.v. 13,045 errechnet worden. Der Kapitalwert errechnet sich als Produkt von Jahreswert und Vervielfältiger:

12 × 1.500 = 18.000 × 13,045 = 234.810 €

Leitsatz 39

Bewertung wiederkehrender Nutzungen und Leistungen

Die Bewertung wiederkehrender Nutzungen und Leistungen erfolgt mit dem **Kapitalwert**. Diesen erhält man durch Abzinsung der jährlichen Nutzungen und Leistungen auf den Bewertungsstichtag.

Lektion 14: Bewertung von Immobilien

Immobilienvermögen ist insbesondere bei Erblassern in den mittleren Vermögensgruppen von hoher Bedeutung. Die Behandlung von Immobilien im Rahmen der Erbschaftsteuer ist Ihnen in den vorangegangenen Lektionen schon einige Male begegnet.

Zur Vergegenwärtigung und Wiederholung noch einmal die wichtigsten Regelungen:

▶ Verschonungsabschlag i.H.v. von 10% auf den Steuerwert für vermietete Wohnimmobilien gem. § 13c ErbStG (Lektion 7),

▶ Steuerbefreiung für den Erberwerb eines Familienheims durch den Ehegatten bzw. Kinder gem. § 13 Abs. 1 Nr. 4b und 4c ErbStG (Lektion 8),

▶ Anspruch auf Stundung der Erbschaftsteuer bei Erwerb einer der Verschonungsregelung unterliegenden Wohnimmobile sowie bei zu eigenen Wohnzwecken genutzten Immobilien gem. § 28 ErbStG (Lektion 12).

Fall 55

A hat in einem Fachaufsatz einiges zur Bewertung von Immobilien im Rahmen des Erbschaftsteuerrechts erfahren. Allerdings verwirrt ihn die Vielfalt der verwendeten Begriffe. Nun versucht A die Begriffe Grundbesitz, Grundvermögen, Grundbesitzwert, gemeiner Wert in einen Zusammenhang zu bringen.

Können wir dem A dabei helfen?

Immobilien werden im Erbschaftsteuerrecht als Grundbesitz bezeichnet. Zum Grundbesitz gehören nach den §§ 19, 68 ff. BewG insbesondere unbebaute und bebaute Grundstücke (sog. Grundvermögen) sowie bebaute und unbebaute Betriebsgrundstücke. Für die meisten Betriebsgrundstücke ist allerdings eine gesonderte Bewertung nicht erforderlich, da die für Betriebsvermögen regelmäßig anzuwendende Ertragsbewertung als Gesamtbewertung aller Wirtschaftsgüter des Gewerbebetriebs auch die Betriebsgrundstücke umfasst (mehr dazu in Lektion 15).

Der Grundbesitz ist mit dem gesondert festzustellenden Grundbesitzwert (§ 151 Abs. 1 Nr. 1 BewG) anzusetzen, der dem gemeinen Wert (Verkehrswert) entspricht (§ 177 BewG). Die Wertermittlung ist detailliert im BewG geregelt (§ 12 Abs. 3 ErbStG, §§ 176 ff. BewG) und für die einzelnen Grundstücksarten wie folgt vorzunehmen:

Unbebaute Grundstücke

Fall 56
Für erbschaftsteuerliche Zwecke will Großgrundbesitzer G den Grundbesitzwert eines ihm gehörenden unbebauten Grundstücks mit einer Fläche von 10.000 qm ermitteln. Der Bodenrichtwert der Gutachterausschusses beträgt 155 € pro qm.

Wie hoch ist der Grundbesitzwert?

Unbebaute Grundstücke sind dadurch gekennzeichnet, dass sich auf ihnen keine benutzbaren Gebäude befinden (§ 178 Abs. 1 BewG). Ein benutzbares Gebäude ist ein Bauwerk, das Menschen oder Sachen durch eine räumliche Umschließung Schutz gegen Witterungseinflüsse bietet, den Aufenthalt von Menschen gestattet, fest mit dem Boden verbunden ist, von einiger Beständigkeit und ausreichend standfest ist (BHF-Urteil vom 28.05.2003, BStBl. II S. 693).

Die Bewertung unbebauter Grundtücke erfolgt durch einen mittelbaren Preisvergleich auf der Basis der von den Gutachterausschüssen der Gemeinden jährlich zu ermittelnden Bodenrichtwerte (§ 196 Baugesetzbuch, BauGB). Diese Werte sind durchschnittliche Lagewerte des Grund und Bodens pro qm in einem Gebiet mit im Wesentlichen gleichen Lage- und Nutzungsverhältnissen.

In Fall 56 errechnet sich der Grundbesitzwert als Produkt aus Bodenrichtwert und Fläche:

155 € × 10.000 = 1.550.000 €

Fall 57
Das unbebaute Grundstück des G in Fall 56 ist aufgrund einer früheren betrieblichen Nutzung teilweise mit Giftstoffen kontaminiert. Die

Kosten zur Beseitigung der Kontamination belaufen sich nach einem Kostenvoranschlag eines auf solche Fälle spezialisierten Unternehmens auf 350.000 €.

Können solche individuellen Umstände Einfluss auf den Grundbesitzwert haben?

Der auf Basis der Bodenrichtwerte ermittelte Grundbesitzwert kann den tatsächlichen Verkehrswert des Grundstücks übersteigen, wenn der Wert des Grundstücks tatsächlich niedriger ist, als es sich aus den durchschnittlichen Lagewerten in dem betreffenden Gebiet ergibt. Dies kann z.B. der Fall sein, wenn größere Aufwendungen zur Beseitigung von Altlasten (z.B. aufstehende Bauruinen oder kontaminierte Böden) anstehen. Ein gedachter Erwerber würde die Kosten der Beseitigung dieser Altlasten kaufpreismindernd ansetzen. Weist der Steuerpflichtige einen solchen niedrigeren gemeinen Wert (=Verkehrswert) nach, ist dieser niedrigere Wert anzusetzen (§ 198 BewG).

In Fall 57 wird es dem G nicht schwer fallen einen niedrigeren gemeinen Wert gegenüber dem Finanzamt nachzuweisen. Die Beweislast sowie die Kostentragung bei einem eventuell erforderlichen Verkehrswertgutachten liegt bei G. Ein solches Verkehrswertgutachten kann z.B. von öffentlich bestellten und vereidigten Sachverständigen oder vom örtlichen Gutachterausschuss erstellt werden. Überschlägig wird der Verkehrswert des Grundstücks des G bei 1,2 Mio. € liegen.

Leitsatz 40

Bewertung unbebauter Grundstücke

Unbebaute Grundstücke sind mit dem Wert zu anzusetzen, der sich aus dem Produkt der **Fläche** und dem jeweils aktuellen **Bodenrichtwert** ergibt. Weist der Steuerpflichtige einen niedrigeren gemeinen Wert (= Verkehrswert) nach, ist dieser anzusetzen.

Der gemeine Wert bebauter Grundstücke wird mit typisierenden Bewertungsverfahren ermittelt. Welches Verfahren anzuwenden ins, hängt von der Art des Grundstücks ab. Das BewG sieht folgende Verfahren vor:

▶ Vergleichswertverfahren (§§ 182 Abs. 2, 183 BewG),

- Ertragswertverfahren (§§ 182 Abs. 3, 184 bis 188 BewG),
- Sachwertverfahren (§§ 182 Abs. 4, 189 bis 191 BewG).

Mietwohngrundstücke und Betriebsgrundstücke

Bei Mietwohngrundstücken, Betriebsgrundstücken sowie gemischt genutzte Grundstücken, für die sich auf dem örtlichen Grundstücksmarkt eine übliche Miete ermitteln lässt, ist der Grundstückswert nach dem Ertragswertverfahren zu ermitteln (§ 182 Abs. 3 BewG). Dies erscheint sachgerecht, da bei diesen Objekten der nachhaltig erzielbare Ertrag für die Verkehrswertschätzung am Markt im Vordergrund steht. Man spricht in diesem Zusammenhang auch häufig von „Renditeobjekten".

Fall 58

Zum Jahresausklang möchte Onkel O seiner Nichte N ein luxuriöses Mehrfamilienhaus mit sechs gleich großen vermieteten Wohnungen (jeweils 100 qm) schenken. Das Gebäude steht auf einem 1000 qm großen Grundstück und wurde vor 27 Jahren bezugsfertig. Die Miete für jede Wohnung beträgt 1.500 € pro Monat. Die Umlage für die Betriebskosten belaufen sich auf zusätzlich 450 €. Der Bodenrichtwert beträgt 600 € pro qm.

Wie hoch ist der Vermögensanfall bei der N?

Das Mietwohngrundstück des O ist mit dem Grundbesitzwert anzusetzen. Dieser entspricht dem gemeinen Wert (Verkehrswert) und ist bei einem Mietwohngrundstück nach dem Ertragswertverfahren zu ermitteln.

Der Ertragswert eines Grundstücks ist die Summe aus Bodenwert (wie bei unbebauten Grundstücken zu ermitteln) und Gebäudeertragswert.

Ausgangspunkt der Ermittlung des Gebäudeertragswerts ist der Reinertrag des Grundstücks (Rohertrag ohne Betriebskosten ./. Bewirtschaftungskosten gem. Anlage 23 zum BewG). Von diesem Reinertrag ist die Bodenwertverzinsung abzuziehen. Der Grund für diesen Abzug liegt darin, dass im Reinertrag des Grundstücks der Zinsertrag für den Grund und Boden enthalten ist. Da der Bodenwert aber gesondert berechnet wird, ist dieser Anteil (sog. Bodenertragsanteil) herauszurechnen. Der sich daraus ergebende Gebäudereinertrag ist mit einem Liegenschaftszins und einem von der Restnutzungsdauer des Gebäudes (vgl. Anlage 22 zum BewG) abhängigen Vervielfältiger (vgl. Anlage 21 zum BewG) zu kapitalisieren. Der Liegenschaftszins wird jeweils vom Gutachterausschuss der Gemeinden festgelegt. Steht kein örtlicher Liegenschaftszinssatz zur Verfügung gilt für Mietwohngrundstücke ein Zinssatz von 5 % und für Geschäftsgrundstücke von 6,5 % (§ 188 Abs. 2 BewG). Ergebnis dieser Kapitalisierung ist der Gebäudeertragswert.

Nach § 184 Abs. 3 Satz 2 BewG ist mindestens der Bodenwert anzusetzen (Mindestwertregelung).

Die nachfolgende Übersicht visualisiert das Ertragswertverfahren noch einmal im Überblick (vgl. H B 184 ErbStH).

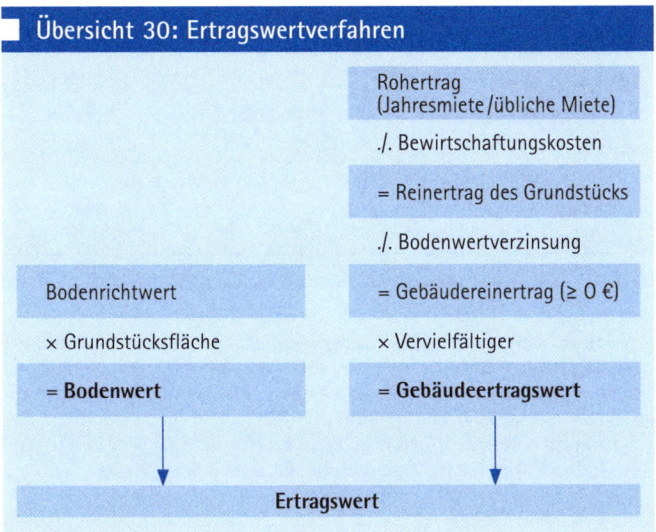

Übersicht 30: Ertragswertverfahren

Demnach ergibt sich in Fall 58 der mit dem Ertragswertverfahren zu ermittelnde Grundbesitzwert wie folgt:

1. Schritt: Ermittlung des Bodenwerts:	
600 €/qm × 1000 qm =	600.000 €
2. Schritt: Ermittlung des Gebäudeertragswerts:	
Rohertrag 12 Monate × 1.500 € × 6 Wohnungen	108.000 €
./. Bewirtschaftungskosten 23 % nach Anlagen 22 und 23 zum BewG	24.840 €
= Reinertrag des Grundstücks	83.160 €
./. Bodenwertverzinsung 5 % × 600.000 €	30.000 €
= Gebäudereinertrag	53.160 €

Der Vervielfältiger nach Anlage 21 zum BewG beträgt bei einer Restnutzungsdauer des Mietwohngrundstücks von 53 Jahren (80 Jahre lt. Anlage 22 zum BewG ./. 27 Jahre seit der Bezugsfertigkeit) und einem Liegenschaftszinssatz von 5 % 18,49.

Gebäudereinertrag	53.160 €
× Vervielfältiger 18,49 nach Anlage 21 zum BewG	
= Gebäudeertragswert	982.928 €
3. Schritt: Ermittlung des Ertragswerts (= Grundbesitzwert)	
Bodenwert	600.000 €
+ Gebäudeertragswert	982.928 €
= Ertragswert	1.582.928 €

Für das zu Wohnzwecken vermietete Grundstück ist der Verschonungsabschlag nach § 13d ErbStG i.H.v. 10 % (= 158.293 €) abzuziehen. Der Vermögensanfall beträgt somit 1.424.635 €. Wie bei unbebauten Grundstücken besteht auch bei bebauten Grundstücken die Möglichkeit des Nachweises eines niedrigeren gemeinen Werts nach § 198 BewG (vgl. dazu Fall 57). Der Sachverhalt gibt hierzu jedoch keine Anhaltspunkte.

Leitsatz 41

Bewertung von Mietwohngrundstücken und Betriebsgrundstücken

Die Bewertung von Mietwohngrundstücken und Betriebsgrundstücken erfolgt nach dem **Ertragswertverfahren**. Dabei ergibt sich der gemeine Wert (= Ertragswert) des Grundstücks aus der Summe von **Bodenwert** und **Gebäudeertragswert**. Weist der Steuerpflichtige einen niedrigeren gemeinen Wert (= Verkehrswert) nach, ist dieser anzusetzen.

Ein- und Zweifamilienhäuser, Wohn- und Teileigentum

Bei Ein- und Zweifamilienhäusern, Wohn- und Teileigentum ist grundsätzlich das Vergleichswertverfahren anzuwenden (§ 183 Abs. 2 BewG). Das Vergleichswertverfahren kommt nur bei Grundstücken in Betracht, die mit weitgehend gleichartigen Gebäuden bzw. Wohnungen bebaut sind und bei denen sich der Grundstücksmarkt an Vergleichswerten orientiert. Liegen diese Voraussetzungen nicht vor, kommt es zur Anwendung des Sachwertverfahrens (vgl. dazu die Ausführungen weiter unten).

Beim Vergleichswertverfahren stehen für die Ermittlung des gemeinen Wertes zwei Verfahrenswege zur Verfügung. Dies sind die Bewertung nach Vergleichskaufpreisen und die Bewertung nach Vergleichsfaktoren.

Fall 59

Onkel O schenkt seinem Neffen N eine Eigentumswohnung (Wohnfläche 100 qm), die der N zu eigenen Wohnzwecken nutzen möchte. Die amtliche Kaufpreissammlung des Gutachterausschusses enthält den Verkauf einer gleichartigen Eigentumswohnung in derselben Wohnanlage vom vergangenen Jahr. Diese Eigentumswohnung hat eine Wohnfläche von 120 qm und wurde zu einem Kaufpreis von 150.000 € verkauft.

Wie hoch ist der Vermögensanfall bei N?

Grundlage für die Bewertung nach Vergleichskaufpreisen sind tatsächlich realisierte Kaufpreise hinreichend übereinstimmender Vergleichsgrundstücke. Vorrangig sind hierzu die von den Gutachterausschüssen der Gemeinden mitgeteilten Vergleichspreise. Nachrangig kann auch auf die der Finanzverwaltung vorliegenden Unterlagen in vergleichbaren Kauffällen zurückgegriffen werden.

Die Eigentumswohnung in Fall 59 ist nach dem Vergleichswertverfahren zu bewerten, da es sich um eine Wohnung innerhalb einer Wohnanlage mit weitgehend gleichartig errichteten Wohnungen handelt und der Kaufpreis einer hinreichend übereinstimmenden Wohnung dem Gutachterausschuss vorliegt.

Für die Bewertung kann daher der Vergleichskaufpreis herangezogen werden, lediglich die abweichende Wohnfläche ist mittels einer entsprechenden Umrechnung zu berücksichtigen:

150.000 € : 120 qm × 100 qm = 125.000 €

Der gemeine Wert der Eigentumswohnung beträgt also 125.000 €. Dieser Wert ist als Grundbesitzwert anzusetzen und entspricht dem Vermögensanfall bei N, wenn er nicht einen niedrigeren gemeinen Wert durch ein Verkehrswertgutachten nachweist (§ 198 BewG).

Fall 60

Neffe N erbt von seinem verstorbenen Onkel O das von ihm zu Lebzeiten bewohnte Reihenhaus in der Innenstadt der Gemeinde Kempen. Das Reihenhaus wurde vor 18 Jahren erbaut und hat eine Wohnfläche von 120 qm. Auf entsprechende Anfrage teilt der Gutachterausschuss der Gemeinde Kempen mit, dass mit vergleichbaren Stadthäusern dieses Baujahres ein durchschnittlicher Kaufpreis von 1.800 € pro qm erzielt wurde.

Wie hoch ist der Vermögensanfall bei dem N?

Anstelle von Vergleichskaufpreisen für Vergleichsgrundstücke können auch Vergleichsfaktoren für die Bewertung herangezogen werden (§ 183 Abs. 2 Satz 1 BewG). Diese Vergleichsfaktoren werden von den Gutachterausschüssen für geeignete Bezugseinheiten (Raum- oder Flächeneinheiten) des Gebäudes ermittelt und auf Anfrage mitgeteilt.

Aus den Angaben in Fall 60 errechnet sich ein Grundbesitzwert und damit ein Vermögensanfall bei N von

120 qm × 1.800 €/qm = 216.000 €,

wenn er nicht einen niedrigeren gemeinen Wert durch ein Verkehrswertgutachten nachweist (§ 198 BewG).

Leitsatz 42

Bewertung von Ein- und Zweifamilienhäusern sowie Wohn- und Teileigentum

Die Bewertung von Ein- und Zweifamilienhäusern sowie Wohn- und Teileigentum erfolgt nach dem **Vergleichswertverfahren**. Dabei wird der gemeine Wert des Grundstücks aus den von den Gutachterausschüssen mitgeteilten **Vergleichspreisen** oder **Vergleichsfaktoren** abgeleitet. Weist der Steuerpflichtige einen niedrigeren gemeinen Wert (= Verkehrswert) nach, ist dieser anzusetzen.

Sachwertverfahren als Auffangbewertungsverfahren

Nach dem Sachwertverfahren werden bewertet (§ 182 Abs. 4 BewG):

▶ Mietwohngrundstücke und Betriebsgrundstücke für die sich **keine übliche Miete** ermitteln lässt,

▶ Ein- und Zweifamilienhäuser, Wohn- und Teileigentum für die **keine Vergleichswerte** existieren sowie

▶ sonstige bebaute Grundstücke.

Damit hat das Sachwertverfahren den Charakter eines Auffangbewertungsverfahrens, da mit diesem Verfahren alle nicht mit anderen Verfahren bewertbaren Grundstücke bewertet werden.

Beim Sachwertverfahren entspricht die Bewertung des Grund und Bodens der **Bewertung unbebauter Grundstücke** (§ 189 Abs. 2 BewG). Hinzugerechnet wird der Wert der baulichen Anlagen, der sich an den **Herstellungskosten** orientiert (§ 189 Abs. 3 BewG).

Lektion 15: Bewertung von Betriebsvermögen

Die Ermittlung des Umfangs und des Wertes des Betriebsvermögens erfolgt nach den Vorschriften des BewG (§ 12 Abs. 1, Abs. 5 ErbStG).

Ebenso wie die Grundbesitzwerte wird auch der Wert des Betriebsvermögens gesondert festgestellt. Bewertung und Steuerfestsetzung werden also verfahrensmäßig getrennt (§ 151 Abs. 1 Satz 1 Nr. 2 BewG). Maßgebend für den Umfang des zu berücksichtigenden Betriebsvermögens und die Bewertung sind die Verhältnisse zum Zeitpunkt der Entstehung der Steuer (§§ 9, 11 ErbStG), also regelmäßig der Todeszeitpunkt des Erblassers bzw. der Zeitpunkt der Schenkung.

Umfang des Betriebsvermögens

Das Betriebsvermögen umfasst alle Teile eines Gewerbebetriebes i.S.d. § 15 Abs. 1 und 2 EStG. Mithin wird zum Betriebsvermögen alles gerechnet, was auch bei der ertragsteuerlichen Gewinnermittlung zum Gewerbebetrieb gehört (§ 95 Abs. 1 BewG). Man spricht in diesem Zusammenhang vom „Grundsatz der Bestandsidentität". Bei Kapitalgesellschaften zählen alle Wirtschaftsgüter zum Betriebsvermögen, die ihnen gehören (§ 97 Abs. 1 Nr. 1 BewG). Bei Personengesellschaften ist die ertragsteuerliche Besonderheit zu beachten, dass auch das sog. Sonderbetriebsvermögen Teil des Betriebsvermögens ist. Sonderbetriebsvermögen sind Wirtschaftsgüter, die im Eigentum eines Gesellschafters stehen, jedoch dem Bereich der gewerblichen Betätigung des Gesellschafters im Rahmen der Personengesellschaft zuzurechnen sind. Beispiel: Vermietung eines Lagergrundstücks des Gesellschafters einer Personengesellschaft an die Personengesellschaft, die das Grundstück für betriebliche Zwecke nutzt.

Dem Gewerbebetrieb steht die Ausübung eines freien Berufs gleich (§ 96 BewG).

Rechtsformneutrale Bewertung der wirtschaftlichen Einheit als Ganzes

Das Betriebsvermögen von Gewerbebetrieben sowie Anteile an Kapitalgesellschaften sind mit dem gemeinen Wert anzusetzen, der auf die wirtschaftliche Einheit als Ganzes entfällt. Es werden also nicht einzelne Vermögensgegenstände bewertet und aufaddiert, sondern der Betrieb wird als unteilbares Ganzes betrachtet und als solches bewertet. Zur Ermittlung des gemeinen Werts wird auf § 11 Abs. 2 BewG verwiesen (§ 109 Abs. 1 und 2 BewG).

Mit § 11 Abs. 2 BewG hatten wir es bereits in Lektion 13 zu tun. Dort haben wir festgestellt, dass für Anteile an Kapitalgesellschaften, die nicht börsennotiert sind und für die der gemeine Wert nicht aus Verkäufen im Jahr vor Entstehung der Steuer abgeleitet werden kann, der gemeine Wert unter Berücksichtigung der Ertragsaussichten der Kapitalgesellschaft zu schätzen ist. An diese Überlegungen knüpfen wir nun an.

Der Verweis auf § 11 Abs. 2 BewG bedeutet, dass die Wertermittlung des Betriebsvermögens nach den gleichen Grundsätzen zu erfolgen hat, wie die Wertermittlung für nicht börsennotierte Anteile an Kapitalgesellschaften. Mit der Geltung einheitlicher Bewertungsvorschriften für Einzelunternehmen, Personenhandelsgesellschaften und Kapitalgesellschaften besteht hinsichtlich der Bewertung Rechtsformneutralität.

In § 11 Abs. 2 i.V.m. §§ 199 bis 203 BewG sind vier allgemein umschriebene Bewertungsverfahren aufgeführt. Dies sind die Ableitung oder Ermittlung des gemeinen Wertes

▶ aus geeigneten „Verkäufen",

▶ „unter Berücksichtigung der Ertragsaussichten",

▶ mit einer „anderen anerkannten [...] Methode" und

▶ durch Anwendung eines „vereinfachten Ertragswertverfahrens".

Diese Verfahren wollen wir uns nun näher ansehen.

Ableitung des gemeinen Wertes aus geeigneten Verkäufen

Die Ableitung des gemeinen Wertes aus Verkäufen hat Vorrang vor den anderen Verfahren, wenn geeignete Verkäufe vorliegen. Es werden nur solche Verkäufe als geeignet angesehen, die weniger als ein Jahr zurückliegen und zwischen fremden Dritten getätigt wurden. Obwohl sich der Wert eines Gewerbebetriebes oder der Anteile an Kapitalgesellschaften innerhalb eines Jahres durchaus stark verändern kann, gibt der Gesetzgeber diesem Verfahren den Vorzug, ohne den Nachweis eines niedrigeren gemeinen Wertes zuzulassen.

Ertragswertverfahren

Wenn keine geeigneten Verkäufe vorliegen, ist der gemeine Wert „unter Berücksichtigung der Ertragsaussichten" zu ermitteln. Mit dieser Formulierung sind die sog. Ertragswertverfahren angesprochen. Allerdings ist offen, welches der vielen unterschiedlichen in Wissenschaft und Praxis entwickelten und angewandten Ertragswertverfahren anzuwenden ist.

Gemeinsam ist diesen Verfahren, dass der voraussichtlich in der Zukunft erwirtschaftete Erfolg auf den Gegenwartszeitpunkt diskontiert (kapitalisiert) wird. Der Unternehmenswert entspricht damit dem Barwert der erwarteten Reinerträge einschließlich des erwarteten Liquidationserlöses.

Häufig werden gerade bei größeren Unternehmen als Ertragswertverfahren die von Institut der Wirtschaftsprüfer (IDW) entwickelten Grundsätze zur Durchführung von Unternehmensbewertungen (IDW S 1) angewandt. Dies hängt vor allem damit zusammen, dass Unternehmensbewertungen in Deutschland, wie in vielen anderen Ländern auch, zu einem großen Teil von Wirtschaftsprüfern durchgeführt werden. Nach diesem Verfahren werden die in der Zukunft erwarteten finanziellen Überschüsse mit einem angemessenen Kapitalisierungszinssatz diskontiert.

Andere anerkannte Methoden

Neben den Ertragswertverfahren existieren auch andere anerkannte und durchaus gebräuchliche Bewertungsmethoden. Hierzu gehören insbesondere die sog. Multiplikatormethoden bei denen branchenübliche Multiplikatoren auf Basisgrößen wie Umsatz oder Gewinn bezogen werden.

Fall 61
Die M-GmbH ist in der Medizintechnik tätig. Im vergangenen Geschäftsjahr erwirtschaftete sie einen Jahresüberschuss von 20 Mio. €. Das Kurs-

Gewinn-Verhältnis (KGV) beträgt in der Medizinbranche bei börsennotierten Unternehmen nach Auskunft der Industrie- und Handelskammer derzeit 15,5.

Wie hoch ist der Unternehmenswert der M-GmbH auf Basis des Branchen-KGV?

Mit der Multiplikatormethode kann auch der Wert eines Unternehmens geschätzt werden, das nicht als Aktiengesellschaft an einer Börse notiert ist. Voraussetzung ist allerdings, dass es **vergleichbare börsennotierte Unternehmen** gibt, für die z.B. der branchendurchschnittliche KGV zum Vergleich herangezogen werden kann.

Auf Basis des Branchen-KGV ergibt sich der Unternehmenswert als Produkt des KGV und des Jahresüberschusses i.H.v.:

15,5 × 20 Mio. € = 310 Mio. €.

Dieser Wert wird umso realistischer sein, je mehr die M-GmbH dem zugrunde gelegten fiktiven Branchendurchschnittsunternehmen in Marktstellung, Größe, Kostenstruktur, Kapitalstruktur etc. entspricht.

Fall 62

Steuerberater S versichert dem Erben A, dass er hinsichtlich der Bewertung des ererbten Betriebsvermögens die für E günstigste noch vertretbare Bewertungsmethode finden und anwenden wird. A hat Bedenken, da er in § 42 AO gelesen hat, dass „durch Missbrauch von Gestaltungsmöglichkeiten des Rechts" Steuergesetze nicht umgangen werden können. A meint daher, S müsse sich bemühen einen möglichst objektiven Wert zu ermitteln.

Was wird S dem A entgegnen?

Ergänzend zu den Bewertungsverfahren weist § 11 Abs. 2 Satz 2 BewG darauf hin, dass die Methode anzuwenden ist, die „ein Erwerber der Bemessung des Kaufpreises zu Grunde legen würde". Ein Erwerber würde verständlicherweise die Methode anwenden, die den niedrigsten Wert ermittelt.

Daher ist in Fall 62 die Suche des S nach der für den A günstigsten noch vertretbaren Bewertungsmethode nach § 11 Abs. 2 Satz 2 BewG legitimiert.

Vereinfachtes Ertragswertverfahren

Fall 63
Erbe B hat sich bei der renommierten Wirtschaftsprüfungsgesellschaft DR. RÄUBER informiert, was ihn ein Ertragswertgutachten nach IDW S 1 kosten würde. B ist entsetzt und fragt Steuerberater S um Rat.

Wie wird der S dem B weiterhelfen?

Der Gesetzgeber hat das Problem des hohem Ermittlungsaufwands und damit einhergehender hoher Gutachterkosten gesehen und ein vereinfachtes Ertragswertverfahren geschaffen (§ 11 Abs. 2 Satz 4 i.V.m. §§ 199 bis 203 BewG). Neben dieser Kosteneinsparung sorgt ein solches Verfahren, wenn es allgemein akzeptiert wird und sich in der Praxis durchsetzt, für eine einheitliche Rechtsanwendung und damit Steuergerechtigkeit.

In Fall 63 wird S den B auf das vereinfachte Ertragswertverfahren mit geringerem Ermittlungsaufwand und daher geringeren Kosten hinweisen. Ein Gutachten durch die Wirtschaftsprüfungsgesellschaft DR. RÄUBER nach IDW S 1 erstellen zu lassen würde nur Sinn machen, wenn zu erwarten wäre, dass der ermittelte Ertragswert so weit unter dem nach dem vereinfachten Ertragswertverfahren ermittelten Ertragswert liegt, dass die Honorardifferenz zwischen der Wirtschaftsprüfungsgesellschaft DR. RÄUBER und dem S durch eine niedrigere Erbschaftsteuerbelastung kompensiert würde. Damit dürfte aber im Regelfall nicht zu rechnen sein, da die Ergebnisse beider Verfahren nicht allzu weit auseinander liegen sollten.

Fall 64
Erbe B beauftragt Steuerberater S den gemeinen Wert seines im Jahr 04 ererbten Einzelunternehmens nach dem vereinfachten Ertragswertverfahren zu ermitteln. Nach den Angaben des B und einer Durchsicht der Geschäftsunterlagen notiert sich S folgende Einzelheiten:

- Die Gewinne nach § 4 Abs. 1 EStG der letzten drei vor dem Bewertungsstichtag abgelaufenen Wirtschaftsjahre 01 bis 03 betragen 550.000 €, 700.000 € und 830.000 €.

- Zum Betriebsvermögen gehört ein Lagerplatz mit aufstehender Lagerhalle (gemeiner Wert 500.000 €), der nicht mehr für das Einzelunternehmen benötigt wird und an den benachbarten Gewerbetreibenden vermietet ist (Jahresmiete 50.000 €). Das Grundstück ist mit einer Grundschuld i.H.v. 150.000 € belastet. Die jährlichen Aufwendungen für das Grundstück belaufen sich auf 15.000 €.

- Der angemessene Unternehmerlohn liegt bei 60.000 € jährlich.

- Der Ertragsteueraufwand für das Einzelunternehmen betrug in den Jahren 01 bis 03 65.000 €, 80.000 € und 95.000 €.

Wie hoch sind der zukünftig nachhaltig erzielbare Jahresertrag (Schritt 1), der sich nach Multiplikation mit dem Kapitalisierungsfaktor ergebende Ertragswert (Schritt 2) und der sich nach den weiteren Korrekturen (§ 200 Abs. 2 bis 4 BewG) ergebende gemeine Wert (Schritt 3) bei Anwendung des vereinfachten Ertragswertverfahrens?

Schritt 1 (zukünftig nachhaltig erzielbarer Jahresertrag):

Nach dem vereinfachten Ertragswertverfahren ermittelt sich der Ertragswert, indem der zukünftig nachhaltig erzielbare Jahresertrag mit dem Kapitalisierungsfaktor multipliziert wird (§ 200 Abs. 1 BewG).

Vor Ermittlung des nachhaltig erzielbaren Jahresertrages bzw. des gemeinen Wertes des Betriebsvermögens sind folgende Korrekturen zur Vermeidung missbräuchlicher Gestaltungen vorzunehmen:

▶ Wirtschaftsgüter des nicht notwendigen Betriebsvermögens und die mit ihnen in wirtschaftlichen Zusammenhang stehenden Schulden sind gesondert mit dem eigenständig zu ermittelnden gemeinen Wert anzusetzen. Die mit diesem Vermögen zusammenhängenden Aufwendungen und Erträge sind herauszurechnen (§§ 200 Abs. 2, 202 BewG).

▶ Beteiligungen an anderen Gesellschaften sind gesondert mit dem eigenständig zu ermittelnden gemeinen Wert anzusetzen (§§ 200 Abs. 3, 202 BewG).

▶ Wirtschaftsgüter des notwendigen Betriebsvermögens, die innerhalb von zwei Jahren vor dem Bewertungsstichtag eingelegt wurden, sind gesondert mit dem eigenständig zu ermittelnden gemeinen Wert anzusetzen. Die mit diesem Vermögen zusammenhängenden Aufwendungen und Erträge sind herauszurechnen (§§ 200 Abs. 4, 202 BewG).

Die Schätzung des zukünftig nachhaltig erzielbaren Jahresertrages erfolgt anhand des durchschnittlichen Betriebsergebnisses der letzten drei vor dem Bewertungsstichtag abgelaufenen Wirtschaftsjahre. Betriebsergebnis ist der nach § 4 Abs. 1 EStG ermittelte Gewinn (Ausgangswert) der durch Hinzurechnungen und Abzüge um bestimmte Vergangenheitseinflüsse bereinigt wird, um den Anforderungen einer realistischen Ertragsprognose zu genügen.

Hinzuzurechnen sind insbesondere Sonderabschreibungen, erhöhte Absetzungen, einmalige Veräußerungsverluste sowie außerordentliche Aufwendungen.

Abzuziehen sind u.a. einmalige Veräußerungsgewinne sowie außerordentliche Erträge.

Da das Verfahren bei Unternehmen aller Rechtsformen angewendet werden kann ist zur Sicherstellung der Rechtsformneutralität ein angemessener Unternehmerlohn dort abzuziehen, wo dieser noch keinen Eingang in die Ergebnisrechnung gefunden hat (§ 202 Abs. 1 BewG).

Die Rechtsformneutralität erfordert zudem eine gleichmäßige Berücksichtigung des Ertragsteueraufwandes, die dadurch erreicht wird, dass der tatsächliche Ertragsteueraufwand zunächst herausgerechnet wird und das verbleibende positive Betriebsergebnis pauschal um einen fiktiven Ertragsteueraufwand von 30 % gekürzt wird (§ 202 Abs. 1 Satz 2 Nrn. 1e und 2e, Abs. 3).

Aus diesen Vorgaben errechnet sich für Fall 64 der folgende zukünftig nachhaltig zu erzielende Jahresertrag:

Hinweis: *Achten Sie auf die Verwendung der Begriffe „Gewinn" (Ausgangswert), „Betriebsergebnis vor Ertragsteuer", „Betriebsergebnis" und „zukünftig nachhaltig erzielbarer Jahresertrag". Der Inhalt dieser Begriffe ist durch die Ausführungen im Gesetz präzise bestimmt und steht für ein bestimmtes Zwischenergebnis bei der Ermittlung des gemeinen Wertes eines Betriebsvermögens anhand des vereinfachten Ertragswertverfahrens. Ähnlich wie bei der Ermittlung der Erbschaftsteuer in den vorangegangene Lektionen wird Ihnen der sichere Umgang mit den Begriffen die Klausurlösung enorm erleichtern.*

		01	02	03
	Gewinn nach § 4 Abs. 1 EStG	550.000 €	700.000 €	830.000 €
+	Aufwendungen Lagergrundstück	15.000 €	15.000 €	15.000 €
./.	Mieterträge Lagergrundstück	50.000 €	50.000 €	50.000 €
./.	angemessener Unternehmerlohn	60.000 €	60.000 €	60.000 €
+	tatsächlicher Ertragsteueraufwand	65.000 €	80.000 €	95.000 €
=	Betriebsergebnis vor Ertragsteuern	520.000 €	685.000 €	830.000 €
./.	fiktiver Ertragsteueraufwand (30 %)	156.000 €	205.500 €	249.000 €
=	Betriebsergebnis	364.000 €	479.500 €	581.000 €
	Summe			1.424.500 €
	× 1/3			
=	zukünftig nachhaltig erzielbarer Jahresertrag			474.833 €

Beachte: Das Lagergrundstück und die mit dem Grundstück in wirtschaftlichen Zusammenhang stehende Schuld ist dem nicht notwendigen Betriebsvermögen zuzuordnen, da Grundstück und Grundschuld aus dem zu bewertenden Einzelunternehmen herausgelöst werden können, ohne die eigentliche Unternehmenstätigkeit zu beeinträchtigen. Erträge und Aufwendungen, die mit diesem Grundstück in Zusammenhang stehen sind herauszurechnen. Später, bei der Ermittlung des gemeinen Werts des Betriebsvermögens, sind das Grundstück und die Grundschuld gesondert mit ihrem gemeinen Wert anzusetzen.

Schritt 2 (Ertragswert):

Leitsatz 43

Ertragswert nach dem vereinfachten Ertragswertverfahren

Nach dem vereinfachten Ertragswertverfahren erhält man den Ertragswert, indem der **zukünftig nachhaltig erzielbare Jahresertrag** mit dem **Kapitalisierungsfaktor** multipliziert wird.

Der Kapitalisierungsfaktor beträgt einheitlich 13,75 % (§ 203 Abs. 1 BewG).

In Fall 64 errechnet sich der Ertragswert des Betriebsvermögens damit wie folgt:

Zukünftig nachhaltig erzielbarer Jahresertrag	474.833 €
× 13,75	
= Ertragswert	6.528.954 €

Schritt 3 (gemeiner Wert des Betriebsvermögens):

Wie oben bereits festgestellt, sind Wirtschaftsgüter, die nicht zum betriebsnotwendigen Betriebsvermögen gehören und die mit diesen in wirtschaftlichen Zusammenhang stehenden Schulden gesondert mit ihrem gemeinen Wert anzusetzen (§ 200 Abs. 2 BewG). Ebenso gesondert anzusetzen sind Beteiligungen an anderen Gesellschaften (§ 200 Abs. 3 BewG) und Wirtschaftsgüter, die innerhalb von zwei Jahren vor dem Bewertungsstichtag in das Betriebsvermögen eingelegt worden sind (§ 200 Abs. 4 BewG).

Das Lagergrundstück und die mit dem Grundstück in wirtschaftlichen Zusammenhang stehende Schuld in Fall 64 sind dem nicht notwendigen Betriebsvermögen zuzuordnen, da Grundstück und Grundschuld aus dem zu bewertenden Einzelunternehmen herausgelöst werden können, ohne die eigentliche Unternehmenstätigkeit zu beeinträchtigen. Daher:

Ertragswert	6.528.954 €
+ gemeiner Wert des Lagergrundstücks	500.000 €

./.	damit verbundene Schulden	150.000 €
=	gemeiner Wert des Betriebsvermögens	6.878.954 €

Besonderheiten bei Personengesellschaften

Zur Wiederholung: Zum Gewerbebetrieb von Personengesellschaften gehören neben dem Gesamthandsvermögen der Gesellschaft auch die Wirtschaftsgüter, die im Eigentum einzelner oder mehrerer Gesellschafter stehen sowie Schulden einzelner oder mehrere Gesellschafter, soweit diese Wirtschaftsgüter oder Schulden bei der steuerlichen Gewinnermittlung zum Betriebsvermögen der Gesellschaft gehören (§ 97 Abs. 1 Satz 1 Nr. 5 BewG). Damit sind im Wesentlichen solche Wirtschaftsgüter angesprochen, die im Eigentum eines Mitunternehmers stehen, gleichwohl aber dem Betrieb der Personengesellschaft dienen. Dies ist insbesondere der Fall, wenn der Gesellschafter der Gesellschaft Wirtschaftsgüter zur Nutzung überlässt, also beispielsweise ein ihm gehörendes Grundstück an die Personengesellschaft vermietet. Diese Wirtschaftsgüter werden als Sonderbetriebsvermögen des Gesellschafters bezeichnet.

Fall 65

Gesellschafter A der AB-OHG schenkt seinen Geschäftsanteil einschließlich des Sonderbetriebsvermögens seinem Neffen N. Der Ertragswert des Gesamthandsvermögens wurde nach dem vereinfachten Ertragswertverfahren ermittelt und beträgt 4,2 Mio. €. Auf den Kapitalkonten der Gesellschafter sind am Bewertungsstichtag 485.000 € für A und 450.000 € für B ausgewiesen. Der Gewinnverteilungsschlüssel sieht für beide Gesellschafter je einen hälftigen Gewinnanteil vor. A hat an die Gesellschaft ein unbebautes Grundstück vermietet, das in seiner Sonderbilanz mit dem seit der Einlage unveränderten gemeinen Wert von 250.000 € ausgewiesen ist.

Wie hoch ist der gemeine Wert des Anteils das A?

Die Anwendung des vereinfachten Ertragswertverfahrens bei Personengesellschaften beschränkt sich zunächst auf das Gesamthandsvermögen. Der auf dieser Grundlage ermittelte Ertragswert wird vorweg entsprechend dem Stand der Kapitalkonten verteilt. Der verbleibende Wert ist nach dem Gewinnverteilungsschlüssel aufzuteilen. Der gemeine Wert des

Anteils des Gesellschafters ergibt sich schließlich als Summe aus dem Anteil am Gesamthandsvermögen und dem gemeinen Wert des Sonderbetriebsvermögens (§ 97 Abs. 1a BewG).

Der gemeine Wert des Anteils des A in Fall 65 ist demnach wie folgt zu ermitteln:

	Ertragswert der AB-OHG	4.200.000 €
./.	Kapitalkonto A	485.000 €
./.	Kapitalkonto B	450.000 €
=	verbleibender Wert	3.265.000 €
	: 2	
=	Anteil des A nach Gewinnverteilungsschlüssel	1.632.500 €
+	Stand des Kapitalkontos des A	485.000 €
=	Wert des Anteils des A am Gesamthandsvermögen	2.117.500 €
+	gemeiner Wert des Sonderbetriebsvermögens	250.000 €
=	gemeiner Wert des Anteils des A	2.367.500 €

Besonderheiten bei Kapitalgesellschaften

Zur Ermittlung des gemeinen Wertes eines Anteils an einer Kapitalgesellschaft ist zunächst der gemeine Wert des gesamten Betriebsvermögens zu ermitteln. Hiernach ergibt sich der Wert des Anteils, indem man diesen mit der Anteilsquote des Anteilseigners am Nennkapital (Grund- oder Stammkapital) multipliziert (§ 97 Abs. 1b BewG).

Wertuntergrenze Substanzwert

Der nach den zulässigen Verfahren ermittelte gemeine Wert des Betriebsvermögens darf den sog. Substanzwert nicht unterschreiten (§ 11 Abs. 2 Satz 3 BewG). Mit dieser Wertuntergrenze unterstellt der Gesetzgeber, dass auch bei Unternehmen mit sehr niedrigem oder negativem Ertragswert bei einer Veräußerung zumindest der Einzelveräußerungspreis der Wirtschaftsgüter des Betriebsvermögens erlöst werden kann.

In der Praxis ist demnach regelmäßig auch der Substanzwert (zumindest überschlägig) zu ermitteln, um sicherzustellen, dass die Wertuntergrenze nicht unterschritten ist.

Hinweis: *In Klausuren sollten Sie immer auf die Wertuntergrenze hinweisen, um keine Punkte zu verschenken.*

* * *

Zu guter Letzt

Wenn Sie mir bis hierher gefolgt sind, gratuliere ich Ihnen! Sie haben sich ein Grundwissen angeeignet, dass Sie in die Lage versetzt, Sachverhalte von erbschaftsteuerlicher Relevanz zu erkennen und systematische Lösungswege aufzuzeigen.

Mit einem nochmaligen Durcharbeiten des Buches können Sie Ihr Wissen festigen. Dabei werden Sie feststellen, dass Sie einige Gebiete sehr schnell anhand der Hervorhebungen im Text sowie der Übersichten und Leitsätze wiederholen können. Anspruchsvolle Passagen werden Sie nochmals gründlich durchdenken müssen, um schließlich „sattelfestes" Wissen zu erlangen. Zudem sind Sie gerüstet für ein weitergehendes, vertiefendes Studium des Erbschaftsteuerrechts. Dieses Buch kann Ihnen dabei ein verlässlicher Kompass sein, der Sie nie den Überblick verlieren lässt.

Ich wünsche Ihnen Beharrlichkeit und Erfolg!

Sachregister

A
Abzugsbetrag	50 ff.
Adoption	69, 78, 84
Adoptivkinder	19, 72 ff.
Anteile an Kapitalgesellschaften	45, 49 ff., 84, 100 f., 114 ff.
Anzeigepflicht	6 f., 19, 95 ff.
Ausbildung	65

B
Betriebsvermögen
 41, 50 ff., 97, 105, 114 ff.
Bereicherung
 12 f, 22 ff., 44 ff., 61 ff., 83, 91 ff.
Bewertung 98 ff.
Bodenwert 108 ff.

D
Doppelbesteuerung 83, 88
Duldungsauflage 33 ff.

E
Ehegatten
 18, 27, 59 ff., 67 f., 73 ff., 105
Eltern 18, 24, 29 f., 61 ff., 72 f., 77
Enkel 18, 72, 76 f.
Entlastungsbetrag 46, 82 ff.
Entstehung der Steuer
 39 ff., 85, 90 f., 114 f.
Erbanfall 15 ff., 38 f., 46, 63
Erbengemeinschaft 20 ff., 93
Erbfolge, vorweggenommene
 29, 56, 68, 91
Erbfolgeordnung 18
Erbquote 20
Erbschaftsteuer, festzusetzende
 44 ff., 68, 71, 82 ff., 93 f.
Erbschaftsteuer, tarifliche
 23, 44 ff., 70 f., 76 ff., 82 ff.
Erbschaftsteuererklärung
 19, 64, 95 f., 100 f.
Erbschaftsteuertarif 9, 13, 37, 76 ff.
Erhebung der Steuer 8, 90 ff.
Ertragswertverfahren 108 ff., 116 ff.
Ertragswertverfahren, vereinfachtes 118 ff.
Erwerb, steuerpflichtiger 6 ff., 19 f., 44 ff., 66 ff., 76 ff., 82 ff., 94
Erwerbe von Todes wegen
 11 ff., 15 ff., 20 ff., 40 ff., 60 f., 77

F
Fälligkeit 90, 97
Familienheim 60 ff.
Familienstiftung 37
Festsetzung der Steuer 82 ff.
Fortführung des Betriebes
 54 ff., 83 f.
Freibeträge, persönliche
 16 f., 29, 72 ff.

G
Gebäudeertragswert 108 ff.
Gelegenheitsgeschenke 6, 59, 65
Gemeiner Wert 46, 51, 54 ff., 100, 105, 119, 122 ff.
Gesamterwerb 49, 69 ff., 82
Gesamtrechtsnachfolge 18 f., 63
Großeltern 18, 72, 77
Grundbesitz 41, 60 ff., 105 ff.
Grundbesitzwert 105 ff.
Grundtatbestände 11 ff.
Grundstücke
 – bebaute 42, 58, 105, 108 ff.
 – unbebaute 105 ff.
Grundstücksschenkung,
 mittelbare 31 ff., 36 f., 61, 92
Grundvermögen 41, 49 ff., 50, 105

H
Härteausgleich 79 ff.
Hausrat 46 f., 59, 64, 99

I
Immobilienbewertung 105 ff.
Inlandsvermögen 38 ff.

K
Kapitalforderung 102
Kapitalgesellschaft
 41, 52, 84, 101, 115, 124
Kapitalwert 74, 102 ff.
Kleinbetragsregelung 89

L

Land- und forstwirtschaftliches
Vermögen 41, 49, 51 f., 59, 84, 97
Lebenspartnerschaft,
  eingetragene 77, 84
Leistungen, wiederkehrende 102 ff.
Leistungsauflage 33 ff.
Lohnsumme 54 ff.

M

Mietwohngrundstücke 108 ff.

N

Nacherbschaft 86 ff.
Nachlassverbindlichkeiten
  22 f., 45 ff., 62 ff.
Nutzungen, wiederkehrende 102 ff.
Nutzungsauflage 34

P

Personengesellschaft 40, 114, 123
Pflichtteil 18, 24 f., 63
Pflichtteilsanspruch 15 f., 24 f., 63

R

Rechtsquellen 6

S

Sachwertverfahren 108, 111 ff.
Schenkung
  – allgemein
    5 ff., 11 ff., 26 ff., 39, 50, 59 ff.,
    68, 73, 77 ff., 91 ff., 104, 114
  – gemischte 30 ff.
  – mittelbare 35 ff.
  – unter Auflage 33 ff.
Schulden
  47, 52 f., 63 f., 102, 119, 122 f.
Sonderbetriebsvermögen
  53, 114, 123 f.
Steuer, anrechenbare 46, 82, 86 ff.
Steuerberechnung 49 ff.
Steuerentstehung 85 f., 104
Steuererhebung 8, 90 ff.
Steuererklärung
  19, 32, 64, 95 f., 100 f.
Steuerfestsetzung 8, 56, 114
Steuerklasse 8, 59, 76 ff., 83 ff.
Steuerpflicht
  – beschränkte 38 ff.
  – erweiterte beschränkte 42 f.
  – persönliche 8, 11 ff., 38 ff.
  – sachliche 11 ff.
  – unbeschränkte 38 f.
Steuerschuldner 13, 47 f., 93 ff.
Stiefkinder 72 ff., 77
Stiftungsgeschäft 27, 37
Stundung 97, 105
Substanzwert 124 f.

T

Tarif
  9, 13, 23, 37, 44 ff., 70 ff., 76 ff.
Tarifermäßigung 85 f.

U

Unterhalt 30, 65

V

Vergleichswertverfahren 107, 111 ff.
Verkehrswert
  30 ff., 50, 67, 99 f., 106 ff.
Vermächtnis 12, 20 ff.
Vermögensanfall
  22 ff., 39 ff., 44 ff., 49 ff.
Vermögensrückfall 65
Verschonungsabschlag 50 ff.
Versorgungsfreibetrag 22, 73 ff.
Verwaltungsvermögen 52 ff.
Vor- und Nacherbschaft 86 ff.
Vorerwerbe 45, 66 ff.

W

Wert, gemeiner
  46, 50 ff., 99 ff., 114 ff.
Wertpapiere 59, 100 ff.

Z

Zugewinnausgleich 45, 66 ff.
Zuwendung, freigebige 26 ff.
Zweckzuwendungen 11 ff., 72, 77